KB195715

윤석열의 선택

윤석열의
선택

초판 1쇄 인쇄_ 2025년 02월 19일 | **초판 1쇄 발행_** 2025년 02월 25일
지은이_ 임헌조 | **펴낸이_** 하태복 | **펴낸곳_** 이가서
디자인_ 박경주
주소_ 서울시 중구 서애로 21 필동빌딩 301호
전화_ 02)2263-3593 | **팩스_** 02)2272-3593 | **출판등록_** 제10-2539호
E-mail_ leegaseo1@naver.com
ISBN_ 978-89-5864-973-1 03340

※ 가격은 뒤표지에 있습니다.
※ 잘못된 책은 바꾸어 드립니다.

제 2의 건국전쟁

윤석열의 선택

이가서
Leegaseo publishing

대한민국 민주주의, 풍전등화의 위기에서

이 책은 증언이자 기록이다. 자유민주주의의 최전선에서, 혼돈과 위기 속에서도 흔들림 없이 법치를 수호하는 한 인물의 여정을 담은 역사적 기록이다. 대한민국이 직면한 이 탄핵 정국은 단순한 정치적 사건이 아니다. 이는 법치와 헌법 정신이 무너질 위기에서, 우리가 진정 어떤 가치를 지켜내야 하는지를 묻는 시대적 시험대다.

어떤 이들은 이 기록에 불편함을 느낄 수 있다. 그러나 지금은 개인적 호불호를 논할 때가 아니다. 수십 년간 얽히고설킨 정치적 이해관계와 숨겨진 권력의 민낯이 적나라하게 드러나고 있다. 낡고 곪은 장판을 걷어낸 자리처럼, 그 이면에 가려진 진실이 백일하에 드러나고 있다.

2024년 12월 3일, 대한민국은 역사적 시험대에 올랐다. 왜 대통령은 스스로 십자가의 길을 선택했는가? 세계 유례없는 현직 대통령의 체포와 구속을 감내하며, 골고다를 향해 걸어가는 그의 발걸음에서 우리는 무엇을 목도하고 있는가? 최고의 자리에서 가장 낮은 곳으로, 그는 무엇을 위해 내려섰는가?

강도와 도둑 사이에서 십자가에 못 박혔던 것처럼, 단 15자의 구속영장 발부 사유로 잡범 취급을 받는 대통령의 모습에서 우리는 시대의 예수를 본다. "하나님의 것은 하나님에게, 카이사르의 것은 카이사르에게." 예수의 명쾌한 가르침처럼, 지금 우리 앞의 혼돈 역시 '대한민국과 반대한민국'으로 갈라지고 있다. 법과 정의의 이름으로 포장된 그간의 행위들이 오히려 헌법 가치를 훼손하고, 공정과 정의를 왜곡해 왔음이 밝혀지고 있다.

이 혼돈의 한가운데서 윤석열 대통령은 홀로 최전선에 서 있다. 그의 목소리는 단순한 자기변호가 아니다. 그것은 대한민국 자유민주주의를 수호하기 위한 역사적 변론이며, 흔들리는 대한민국의 나침반이자, 위태로운 법치의 균형을 바로잡으려는 절박한 외침이다.

이 책은 단순한 사건의 나열이 아니다. 윤석열 대통령의 언행에 담긴 깊은 의미를 재조명하고, 우리가 추구해야 할 진정한 민주주의의 방향을 성찰하는 여정이다. 이 전대미문의 위기 앞에서, 대한민국은 무엇을 지키고 무엇을 바로잡아야 할 것인가?

차례

제1장

민주주의의 시련,
계엄선포와 탄핵정국의 시작

칠흑 같은 어둠이 내린 2024년 12월 3일 늦은 밤, 대한민국 현대 사는 새로운 격랑의 소용돌이에 휘말렸다. 윤석열 대통령이 전격적으로 비상계엄을 선포한 것이다. 국가 안보와 질서 유지를 명분으로 내세운 이 조치는, 그러나 우리 사회에 예기치 않은 파장을 몰고 왔다. 많은 국민과 정치권은 이를 민주주의의 근간을 흔드는 위험한 도발로 받아들였다.

격변의 서막

비상계엄 선포가 전해진 직후, 국회와 시민사회는 즉각적인 반발의 목소리를 높였다. 국회는 신속하게 계엄 해제 요구안을 통과시켰고, 전국 각지에서는 시민들이 자발적으로 거리로 쏟아져 나왔다. "민주주의를 지키자"는 함성이 대한민국의 밤하늘을 가득 메웠다.

이러한 거센 반발 속에서도 윤 대통령은 대국민 담화를 통해 자신의 결단이 국가의 안위를 위한 불가피한 선택이었음을 강조했다. 그의 음성에는 무거운 책임감과 결연한 의지가 묻어났다.

계엄 선포의 배경

비상계엄 선포가 전해진 직후, 국회와 시민사회는 즉각적인 반발의 목소리를 높였다. 국회는 신속하게 계엄 해제 요구안을 통과시켰고, 전국 각지에서는 시민들이 자발적으로 거리로 쏟아져 나왔다. "민주주의를 지키자"는 함성이 대한민국의 밤하늘을 가득 메웠다.

이러한 거센 반발 속에서도 윤 대통령은 대국민 담화를 통해 자신의 결단이 국가의 안위를 위한 불가피한 선택이었음을 강조했다. 그의 음성에는 무거운 책임감과 결연한 의지가 묻어났다.

역사적 순간의 증언

이는 단순한 정치적 갈등을 넘어, 자유대한민국의 헌정질서를 뿌리째 흔드는 중대한 도전이었다. 헌법과 법에 의해 세워진 정당한 국가기관들이 체계적으로 교란되는 가운데, 내란을 획책하는 듯한 움직임들이 곳곳에서 감지되었다.

국민의 삶은 뒷전이었다. 국회는 오직 탄핵과 특검, 야당 대표의 방탄에만 골몰했고, 그 결과 국정은 완전한 마비 상태에 빠져들었다. 지금의 국회는 범죄자 집단의 소굴로 전락했다는 비난이 일었고, 자유민주주의를 수호해야 할 입법부가 오히려 그 체제를 전복하려 한다는 우려가 광범위하게 퍼져나갔다.

대한민국은 당장 무너져도 이상하지 않을 만큼 위태로운 상황에 직면했다. 풍전등화라는 말이 결코 과장이 아닌, 그런 위기의 순간이었다.

운명의 선언, 비상계엄 선포문

그날 밤, 전국에 울려 퍼진 대통령의 목소리는 무겁고도 절박했다.

"존경하는 국민 여러분, 저는 대통령으로서 피를 토하는 심정으로 국민 여러분께 호소드립니다."

이렇게 시작된 비상계엄 선포문은, 현대 대한민국 정치사의 분수령이 될 순간을 알리는 신호탄이었다. 대통령은 국회의 무분별한 탄핵소추 남발 실태를 조목조목 지적했다. 정부 출범 이후 22건의 정부 관료 탄핵 소추, 22대 국회 출범 후에도 이어진 10명의 탄핵 추진. 이는 단순한 수치가 아닌, 민주주의의 근간을 흔드는 심각한 도전이었다.

붕괴 직전의 국가시스템

선포문은 계속해서 국가 시스템의 붕괴 위험을 경고했다. 사법부는 이미 마비 상태였다. 판사들은 겁박당했고, 검사들은 줄줄이 탄핵의 대상이 되었다. 행정부의 상황도 다르지 않았다. 행안부 장관, 방통위원장, 감사원장, 국방장관까지 국가의 핵심 기관장들이 모두 탄핵의 그림자 아래 놓였다.

가장 충격적인 것은 예산 문제였다. 국가의 근간을 이루는 예산들이 무차별적으로 삭감되었다. 국가 기본 기능 유지를 위한 예산, 마약 범죄 단속 예산, 민생 치안 유지를 위한 모든 주요 예산이 전액 삭감되는 초유의 사태가 벌어졌다. 대한민국이 마약 범죄의 천국이 되고, 치안이 무너질 수 있다는 우려가 현실화되는 순간이었다.

헌정질서 수호를 위한 결단

윤석열 대통령은 이러한 상황을 "자유대한민국의 헌정질서를 짓밟고, 헌법과 법에 의해 세워진 정당한 국가기관을 교란시키는 명백한 반국가 행위"로 규정했다. 국민의 삶은 안중에도 없이 오로지 탄핵과 특검, 야당 대표의 방탄에만 매몰된 국회의 행태는 더 이상 묵과할 수 없는 수준에 이르렀다는 판단이었다.

특히 대통령은 현 국회가 "범죄자 집단의 소굴"이 되었다고 강하게 비판했다. 입법 독재를 통해 국가의 사법·행정 시스템을 마비시키고, 자유민주주의 체제의 전복을 기도하고 있다는 것이다. 자유민주주의의 기반이 되어야 할 국회가 오히려 자유민주주의 체제를 붕괴시키는 괴물이 되었다는 인식이었다.

불가피한 선택의 순간

"지금 대한민국은 당장 무너져도 이상하지 않을 정도의 풍전등화의 운명에 처해 있습니다."

대통령의 이 말은 단순한 수사가 아닌, 절박한 현실 인식의 표현이었다. 북한 공산 세력의 위협으로부터 자유대한민국을 수호하고, 국민의 자유와 행복을 약탈하고 있는 파렴치한 종북 반국가 세력들을 일거에 척결하기 위해 비상계엄은 불가피한 선택이었다는 것이다.

대통령은 이 비상계엄을 통해 망국의 나락으로 떨어지고 있는 자유 대한민국을 재건하고 지켜낼 것임을 천명했다. 지금까지 패악질을 일삼은 망국의 원흉, 반국가 세력을 반드시 척결하겠다는 단호한 의지를 표명한 것이다.

격변의 순간들

체제의 전복을 노리는 반국가 세력의 준동으로부터 국민의 자유와 안전, 그리고 국가의 지속가능성을 보장하겠다는 대통령의 선언은 한밤중 전국을 뒤흔들었다. 이는 대한민국의 미래 세대에게 제대로 된 나라를 물려주기 위한 불가피한 조치였다. 그러나 그 파장은 예상을 뛰어넘는 것이었다.

소용돌이 치는 정국

비상계엄 선포 직후, 정치권은 즉각적인 반응을 보였다. 여당은 혼란스러운 기류 속에서도 대통령의 결단을 이해하는 모습을 보였고, 야당은 즉각적인 반발과 함께 "헌정 질서 파괴"라는 강력한 비판을 쏟아냈다. 시민사회 역시 양분되어 첨예한 대립각을 세웠다.

특히 주목할 만한 것은 젊은 세대의 반응이었다. SNS를 중심으로 폭발적인 토론이 이어졌고, 대학가는 즉각적으로 움직임을 보였다. 일부 대학생들은 자발적으로 거리로 나와 민주주의 수호를 외쳤고, 또 다른 이들은 기존 정치권의 부패와 무능을 비판하며 대통령의 결단에 지지를 표명했다.

헌정 질서의 시험대

이 시기는 대한민국 헌정 질서의 진정한 시험대였다. 헌법이 규정한 비상계엄권과 국회의 계엄해제권이 정면으로 충돌하는 상황이 전개되었다. 법조계에서는 비상계엄의 정당성을 두고 치열한 법리 논쟁이 벌어졌다.

헌법 제77조는 대통령에게 내란 또는 외환의 사유로 비상계엄을 선포할 수 있는 권한을 부여하고 있다. 그러나 동시에 국회의 계엄해제 권한도 명시하고 있어, 두 권력 기관의 충돌은 불가피해 보였다.

헌법 제77조는 대통령에게 내란 또는 외환의 사유로 비상계엄을 선포할 수 있는 권한을 부여하고 있다. 그러나 동시에 국회의 계엄해제 권한도 명시하고 있어, 두 권력 기관의 충돌은 불가피해 보였다.

국제사회의 반응

국제사회의 반응도 신속했다. 주요 언론들은 대한민국의 상황을 긴급 타전했고, 각국 정부는 예의주시하는 태도를 보였다. 특히 미국과 중국, 일본 등 주변국들의 반응은 한반도 정세에 미칠 영향을 고려해 신중한 모습이었다.

일부 서방 언론은 "아시아의 민주주의 모범국가에 드리운 그림자"라는 우려 섞인 보도를 내놓았지만, 동시에 대한민국의 특수한 안보 상황과 정치적 맥락을 함께 조명하려 노력했다.

역사적 분기점에서

이 시기는 분명 대한민국 현대사의 중대한 분기점이었다. 해방 이후 수차례의 정치적 격변을 겪어온 우리 국민들에게, 이번 사태는 또 다른 시험대였다. 그러나 이전의 위기들과는 달랐다. 이번에는 제도화된 민주주의 체제 내에서 헌법이 부여한 권한을 둘러싼 첨예한 대립이었기 때문이다.

대통령의 비상계엄 선포는 단순한 정치적 결단을 넘어, 우리 사회가 직면한 근본적인 문제들에 대한 문제제기이기도 했다. 과연 우리의 민주주의는 건강한가? 견제와 균형이라는 민주주의의 기본 원칙은 제대로 작동하고 있는가? 이런 본질적인 질문들이 국민들의 마음속에 깊이 새겨지기 시작했다.

숨 가쁜 6시간

비상계엄 선포 이후 약 6시간, 대한민국은 그 어느 때보다 긴박한 순간들을 경험했다. 시간의 흐름은 마치 멈춘 듯했고, 모든 국민의 시선은 다음 순간에 벌어질 상황을 예의주시하고 있었다.

첫 새벽의 긴장

12월 3일 밤 11시, 비상계엄 선포 직후 군 병력이 국회의사당 일대로 투입되었다. 그러나 이는 과거의 계엄과는 달랐다. 실탄을 소지하지 않은 250명 안팎의 정예 부사관들, 그들의 임무는 단순히 질서유지에 국한되었다. 대통령은 최소한의 물리적 조치만을 통해 경고의 메시지를 전달하고자 했다.

국회의 대응

국회의원들은 한밤중에 긴급 소집되었다. 본회의장은 전례 없는 긴장감에 휩싸였다. 여당 의원들은 국회 밖에서 비상 의원총회를 소집하였고, 본 회의장에 참석한 의원들은 일부였다. 야당은 격앙된 목소리로 "헌정질서 파괴"를 외쳤다. 그들은 곧바로 계엄해제 결의안 준비에 착수했다.

언론과 여론의 소용돌이

혼란스러운 보도 경쟁

각 언론사는 앞다투어 속보를 쏟아냈다. '쿠데타다', '헌정 중단이다'라는 자극적인 제목의 기사들이 쏟아져 나왔다. 그러나 흥미로운 것은, 12월 연말이 지나고 새해가 밝아 오면서, 시간이 지날수록 보도의 내용과 톤이 변화했다는 점이다. 2017년 박근혜 탄핵 때와는 달리, 대통령에 대한 지지도가 뜻밖에도 상승 곡선을 그리면서 여당인 국민의힘의 지지도도 동반하여 오르고 있었기 때문이다. 심지어 광장에 모인 시민들에 의해 특정 신문 절독 운동이 펼쳐지면서 언론은 객관성과 공정성이라는 제자리를 찾아가게 되었다. 차츰 이 사태의 본질을 파헤치려는 분석적인 기사들이 늘어났다. 특히, 이재명에게는 무한한 관용을 펼치면서, 8개 사건, 12개 혐의, 5개 재판 중임에도 불구속 처리하고 무한하게 재판이 늘어지고 있던 상황과는 달리, 윤석열 대통령은 현직이고, 재판이 아직 시작되지도 않았음에도 구속되는 등 누가 보더라도 공정하지 못했던 사실들이 분석되고 비판되었다. 이재명 대표가 입에 달고 사는 '무죄추정의 원칙'이 윤석열 대통령에게는 허용되지 않았다. 사법부가 국민의 신뢰를 잃기 시작한 시점이다.

갈라진 여론

시민들이 반응은 크게 둘로 나뉘었다. 한편에서는 "민주주의의 후퇴"라며 거세게 반발했고, 다른 한편에서는 "부패한 정치권에 대한 불가피한 조치"라며 지지를 표명했다. SNS상에서는 양측의 치열한 논쟁이 밤새도록 이어졌다.

비상계엄 선포문 요약

1. 선포 배경

국회의 탄핵 소추 남발 :

- 정부 출범 이후 22건의 탄핵 소추 발의
- 22대 국회 출범 후 10명째 탄핵 추진

사법 · 행정 시스템 마비 :

- 판사 겁박, 검사 탄핵으로 사법 업무 마비
- 행정안전부 장관, 방통위원장, 감사원장, 국방장관에 대한 탄핵 시도로 행정부 기능 마비

예산 전액 삭감 :

- 국가 본질 기능, 마약 범죄 단속, 민생 치안 예산 전액 삭감
- 결과적으로 마약 천국화, 민생 치안 공황 상태 초래

반국가 세력의 체제 전복 시도 :

- 국회를 통한 입법 독재 및 헌정질서 교란

2. 주요 메시지

비상계엄의 목적 :

- 자유대한민국 수호 및 헌정질서 재건

- 반국가 세력 척결 및 국가 정상화

국민의 안전과 자유 보호 :

- 국민의 생명과 재산을 지키기 위한 불가피한 조치.

3. 국민에게 요청

- 비상계엄 조치로 인한 일시적 불편 최소화 약속.

- 정부를 신뢰하고 협조해 줄 것을 요청.

- "국민의 신뢰를 바탕으로 자유대한민국을 반드시 지켜낼 것"
  이라는 다짐.

4. 대외적 입장

- 비상계엄 선포와 관계없이 대한민국은 국제사회에서의 책임과
  기여를 변함없이 유지.

1. 대한민국 헌법 제77조 (계엄)

□ 대통령은 내란 또는 외환의 사유로 국가의 안전보장과 공공질서의 유지가 필요할 때 법률이 정하는 바에 따라 계엄을 선포할 수 있다.

□ 계엄은 비상계엄과 경비계엄으로 구분되며, 비상계엄이 선포되면 군사재판을 제외한 법률의 효력이 제한될 수 있다.

□ 계엄 선포 시 대통령은 지체 없이 국회에 통고해야 하며, 국회는 이를 해제할 수 있다.

2. 계엄법 제2조 (계엄의 구분 및 내용)

비상계엄 :

- 국토의 일부 또는 전부가 적의 점령하에 있거나 내란으로 인해 정부의 정상적 기능이 곤란할 경우 선포.

- 공공질서 유지와 행정의 정상화를 위해 필요한 경우 군 병력이 동원될 수 있음.

3. 계엄법 제4조 (계엄 사령관의 권한)

□ 계엄 사령관은 계엄 지역 내에서 군사적 · 행정적 권한을 행사하며, 필요시 군 병력으로 공공질서를 유지할 수 있다.

4. 국회법 제109조 (계엄 통고 및 해제)

- 대통령이 계엄을 선포하면, 국회는 즉시 이를 심의하며 필요시 해제 결정을 할 수 있다.

비상계엄의 정당성에 대한 논리적 접근

대통령의 비상계엄 선포는 대한민국 헌법 제77조와 계엄법 제2조에 근거한 것으로, 이는 내란 또는 외환 등으로 인해 정부의 정상적 기능이 곤란할 경우 국가의 안전과 공공질서를 유지하기 위한 합법적 조치다. 아래에서 이를 구체적으로 논증한다.

1. 국회의 탄핵 남발로 인한 행정부와 사법부의 기능 마비

- 22대 국회 출범 이후 총 10건의 탄핵 소추가 발의되었으며, 이는 사법부와 행정부 주요 기관의 정상적 운영을 불가능하게 만들었다.

- 행안부 장관, 감사원장, 국방부 장관 등 국가의 본질적 기능을 수행하는 고위직 공무원이 탄핵 대상이 되었으며, 이로 인해 국가 안보와 행정 업무가 심각하게 지연되었다.

- 판사와 검사를 겨냥한 탄핵 소추는 사법부의 독립성을 위협하며, 법치주의의 근간을 흔드는 결과를 초래했다.

2. 예산 삭감으로 인한 공공 기능의 붕괴

▷ 국회는 국가 본질 기능과 관련된 예산을 전액 삭감했으며, 이는 공공안전과 법 집행에 치명적인 영향을 미쳤다.

- 마약 범죄 단속 예산과 민생 치안 예산이 삭감됨으로써, 치안 공백과 범죄율 증가가 현실화되었다.

- 이는 국민의 생명과 재산을 보호할 의무를 지닌 국가의 기본 책무를 이행하기 어렵게 만들었다.

3. 3권분립의 훼손, 입법독재로 국회 기능 마비

▷ 일부 세력이 국회의 입법 권한을 이용해 헌정질서를 교란하고 국가 체제를 붕괴하려는 움직임을 보였다.

- 입법 독재와 정치적 방탄을 위한 무리한 탄핵 시도는 국가의 법치와 자유민주주의 체제를 훼손했다.

- 대통령의 비상계엄 선포는 이러한 헌정질서 파괴에 대응하고, 자유민주주의를 수호하기 위한 조치로 판단된다.

4. 헌법과 법률에 따른 정당성 확보

▷ 헌법 제77조와 계엄법 제2조에 따르면, 정부의 정상적 기능이 곤란할 경우 대통령은 계엄을 선포할 수 있다.

- 국회의 지속적인 탄핵 남발과 행정부 · 사법부의 기능 마비는 헌

법이 정의한 "정상적 기능 곤란" 상황에 부합한다.

- 특히, 국민의 안전과 국가의 존속을 위협하는 상황에서는 대통령이 이러한 조치를 통해 국가의 기본 질서를 회복할 의무를 가진다.

5. 국회의 계엄 해제 권한 보장

▷ 대통령의 비상계엄 선포는 국회가 이를 해제할 권한을 가지는 구조로 설계되어 있다.

- 이는 대통령의 권한 남용 가능성을 견제하며, 비상계엄이 헌법의 틀안에서 합법적으로 작동함을 보장한다.

결론

비상계엄 선포는 정부의 정상적 기능이 곤란한 상황에서 헌법과 계엄법에 따라 이루어진 합법적 조치다. 이는 국가의 존립과 국민의 생명, 재산을 보호하기 위한 최후의 수단으로 볼 수 있다.

특히, 2024년 12월 2일, 이재명 대표 관련 재판을 담당한 검사 3인에 대한 탄핵 소추안 발의는 입법부가 사법부를 압박하고, 특정 정치인의 방탄을 위해 권력을 남용했다는 우려를 불러일으켰다. 이는 단순히 개인의 문제가 아니라, 사법부의 독립성과 법치주의의 근간을 심각하게 흔드는 행위로 평가되었다. 이러한 사건은 비상계엄 선포가 불가피한 상황으로 치닫게 된 결정적 계기 중 하나로 작용했다.

이재명 대표 관련 검사 탄핵 소추

검사	관련 사건	민주당의 탄핵 사유
박상용	이재명 대표 대북 송금 의혹 수사	수사권 남용 및 치적 편향 의혹
엄희준	대장동 · 백현동 사건 수사	수사 과정에서의 권한 남용 주장
강백신	대장동 · 백현동 사건 수사	수사 과정에서의 권한 남용 주장

대통령은 이러한 상황에서 헌법 제77조에 따라 비상계엄을 선포했고, 이는 국가의 헌정질서를 지키기 위한 최후의 수단이었다. 더 나아가 국회가 계엄 해제를 의결한 후 대통령이 이를 즉시 받아들여 계엄을 해제한 것은, 대통령의 조치가 헌법과 법률에 충실히 입각한 절차에 따라 이루어졌음을 보여준다.

40여 년 만에 비상계엄이 발동되면서 국민들은 초기에는 당황하고 불안을 느꼈지만, 계엄을 통해 삼권분립이 훼손된 현실과 나라의 위기를 직시하게 되는 계기가 되었다는 점에서 의의가 있다. 이러한 상황은 대한민국의 민주주의와 헌정질서가 더욱 강한 기반 위에서 재정립될 필요성을 일깨워 주었다.

숨겨진 이면

계엄 선포의 내막

후일 밝혀진 바에 따르면, 대통령의 결단은 단순한 즉흥적 판단이 아니었다. 수개월간 이어진 국정 마비, 사법부 탄압, 대규모 예산 삭감 등 일련의 사태들이 국가 존립 자체를 위협하는 수준에 이르렀다는 판단이 작용했다.

은밀한 움직임들

이재명 대표가, 재판에서 선거법 위반 관련한 판결이 징역 1년에 2년이 선고되면서 민주당은 바빠졌다. 마치 총력전을 펼치듯 가지고 있는 모든 역량을 동원해 정부를 압박하라는 움직임이 포착되었다. 특히 주목할 만한 것은 계엄 선포 직전의 상황이었다. 국회 민주당이 12월 2일 이재명 대표 재판 관련 검사 3명을 무더기로 탄핵소추안을 발의하면서 이재명 대표 방탄 국회는 미친 듯 질주하고 있었다. 총선에서 다수 의석을 확보한 민주당은 권력을 지향하며 이성을 잃고 있었다. 삼권분립이 기초부터 허물어지고, 탄핵 남발로 행정부가 마비시키는 상황에서 국가와 국민을 책임져야 하는 대통령에게 결단의 시간이 올 수밖에 없었다.

결정적 시간

새벽의 결단

12월 4일 오전 1시, 국회는 계엄해제 결의안을 통과시켰다. 대통령은 즉각적으로 이를 수용했고, 군 병력의 철수를 지시했다. 이는 대통령이 말했던 "최소한의 경고성 조치"라는 설명에 신빙성을 더했다. 역사는 이 순간을 주목하게 될 것이다. 마치 경고 벨을 누르듯 온 국민에게 비춰진 대통령의 숨 가쁜 행보를 기대한다.

질서의 회복

새벽 2시, 군 병력은 질서정연하게 철수를 완료했다. 40시간의 긴장된 순간들은 끝이 났지만, 그 여파는 계속되었다. 이 사건은 대한민국 민주주의의 새로운 분기점이 되었고, 정치권과 국민 모두에게 깊은 성찰의 기회를 제공했다.

계엄 이후의 대한민국

깊어 가는 분열과 성찰

계엄령이 해제된 후에도 대한민국은 쉽게 안정을 찾지 못했다. 표면적으로는 일상으로 돌아갔지만, 정치권과 사회 전반에 깊은 균열이 생겨났다. 이는 단순한 정치적 갈등을 넘어, 우리 사회가 직면한 근본적인 문제들에 대한 성찰을 요구하는 계기가 되었다. 늦은 밤에 시작하여 어두운 새벽에 끝난 계엄선포와 해제로, 일반 국민은 화면으로서만 국회에 들어간 계엄군을 보았을 뿐이다. 겉으로는 일상과 같았다. 하지만 전혀 다른 세상이었다. 우리는 계엄 이전과 이후의 세상에 대한 나름의 평가와 인식을 가져나가야 했다. 연말 들뜬 송년 분위기는 이미 사라지고 있었다.

예상치 못한 변화들

특히 주목할 만한 것은 청년층의 변화였다. 이전까지 정치에 무관심했던 2030 세대가 적극적으로 목소리를 내기 시작했다. SNS과 온라인 커뮤니티에서는 민주주의의 본질, 권력 분립, 견제와 균형의 원리에 대한 진지한 토론이 이어졌다. 젊은 세대들은 과거 민주화 운동 세대와는 다른 시각으로 이 사태를 바라보았다. 보수 대 진보라는 구분보다는 우파 대 좌파라는 구분을 선호했다. 대학가를 중심으로 온라인 게시판은 불난 듯 뜨거웠다. 공정과 정의하는 기준으로 정치권과 대한민국의 현실을 토론하고 자신들의 의견을 밝히면서 서서히 각성하기 시작한 것이다.

정치권의 혼란과 드러난 밑천

여야의 혼란

여당은 대통령의 결단을 둘러싸고 내부 분열을 겪었다. 일부는 불가피한 선택이었다며 옹호했고, 또 다른 일부는 비판하며 거리를 두려 했다. 야당은 하나가 되어 즉각적인 탄핵을 주장했다. 민주당을 중심으로 야당은 대통령의 비상계엄 선포를 헌정질서 파괴 행위로 규정하고, 전방위적인 탄핵 공세를 펼쳤다. 이재명 대표를 일극체제로 하는 거대 야당 민주당을 막을 브레이크는 없었다. 과도하게 탄핵을 무기로 사용하면서, 이를 비판하는 흐름은 있었지만, 의미 있는 몸짓은 아니었다. 한쪽은 눈치 보며 스스로 분열되고, 다른 한쪽은 이성을 잃고 초법적으로 군림하는 행태를 보며 국민은 정치 현실을 깨닫기 시작했다.

계엄이 드러낸 3류 정치 현실

정치판은 제대로 금이 가고 균열이 났다. 진영으로 나뉜 정치적 양극화는 더욱 깊어졌다. 정치권 내부의 합의나 대안 모색은 요원한 상황이었다. 한마디로 정치가 실종되었다.

특히 주목할 점은 헌법에 따른 대통령의 통치행위로서의 계엄에 대한 법리적 접근이나 분석이 전혀 없었다는 것이다. 단지, 10일만에 선정적인 신문기사를 옮겨 놓은 듯한 탄핵소추안이 만들어졌고, 민주당을 중심으로 탄핵안이 통과되었다. 이성보다는 감성이 앞선 선동적인 접근을 보며 국민은 이들이 국민의 대표라는 점에 의구심을 갖지 않을 수 없었다. 이러한 국회의 수준은 역사적인 치부의 한 순간으로 남게 될 것임이 분명하다.

민주주의의 새로운 과제

제도적 개선의 필요성

이번 사태는 우리 헌정 체제의 취약점을 여실히 드러냈다. 권력기관 간 견제와 균형이 제대로 작동하지 않는 현실, 정파적 이해관계가 국익에 우선하는 정치 현실에 대한 개선이 시급하다는 공감대가 형성되었다. 그동안 개헌을 얘기할 때면 늘 제왕적 대통령제가 핵심적인 문제라고 했었지만, 제왕적 입법 독재도 그에 못지않다는 주장들이 나오기 시작했다. 일극 중심인 이재명 민주당 대표가 나라의 최고 실권자라는 웃지 못할 얘기들이 나오고 있었다.

국민의식의 변화

가장 큰 변화는 국민의식이었다. 민주주의가 단순히 주어진 것이 아니라, 끊임없이 가꾸고 지켜나가야 할 가치라는 인식이 확산되었다. 시민들은 보다 적극적으로 정치 현안에 목소리를 내기 시작했고, 정치인들의 행보를 더욱 엄격하게 들여다보기 시작했다.

미완의 과제들

남은 질문들

계엄령 사태는 많은 질문을 남겼다. 민주주의와 국가 안보, 정치적 견제와 국정 운영의 효율성, 여야 대립과 국익의 균형 등 풀기 어려운 숙제들이 산적해 있었다. 이는 단순히 현 정부만의 과제가 아닌, 대한민국 민주주의가 풀어가야 할 역사적 과제가 되었다.

역사의 한 페이지

40여 년 만의 비상계엄은 대한민국 현대사에서 결코 가볍게 지나칠 수 없는 하나의 분기점이 되었다. 이는 우리 민주주의의 성숙도를 시험한 시험대였으며, 동시에 새로운 도약을 위한 성찰의 계기가 되고 있다.

새로운 시작을 향하여

이제 대한민국은 또 다른 도전 앞에 서 있다. 아직 탄핵 정국은 끝나지 않았다. 헌법재판소에서 심리 중이며, 얼마 안 있어 결론이 날 것이다. 추운 겨울, 거리에서 광장에서, 시민들이 자발적으로 나서 저마다의 목소리를 내고 있다. 이번 사건을 계기로 냉정하게 현실을 돌아보게 된 국민의 행보가 시작되었다. 더 성숙한 민주주의로 나아가기 위한 여정이 시작된 것이다. 헌법이 보장하는 자유민주주의가 무엇이며 우리는 어떻게 가꾸고 살피고 나가야 하는지 스스로에 물으면서 말이다.

제 2 장

역사의 갈림길에서

서곡 :

담화문이 남긴 울림

역사적 전환점마다 지도자의 메시지는 그 시대의 가장 강력한 증언이 된다. 2024년 겨울, 윤석열 대통령이 남긴 일련의 담화문들은 대한민국이 직면한 위기의 본질과 당시의 정황을 생생하게 보여주는 정치적 증거일 뿐만 아니라 역사적 사료이다.

●

첫 번째 메시지 ── 비상계엄 선포문
(2024년 12월 3일 밤 11시 - 계엄선포의 순간)

✒ 존경하는 국민 여러분

저는 대통령으로서 피를 토하는 심정으로 국민 여러분께 호소드립니다.

지금까지 국회는 우리 정부 출범 이후 22건의 정부 관료 탄핵 소추를 발의하였으며, 지난 6월 22대 국회 출범 이후에도 10명째 탄핵을 추진 중에 있습니다.

이것은 세계 어느 나라에도 유례가 없을 뿐 아니라 우리나라 건국 이후에 전혀 유례가 없던 상황입니다.

판사를 겁박하고 다수의 검사를 탄핵하는 등 사법 업무를 마비시키고, 행안부 장관 탄핵, 방통위원장 탄핵, 감사원장 탄핵, 국방 장관 탄핵 시도 등으로 행정부마저 마비시키고 있습니다.

국가 예산 처리도 국가 본질 기능과 마약 범죄 단속, 민생 치안 유지를 위한 모든 주요 예산을 전액 삭감해 국가 본질 기능을 훼손하고 대한민국을 마약 천국, 민생 치안 공황 상태로 만들었습니다.

이는 자유대한민국의 헌정질서를 짓밟고, 헌법과 법에 의해 세워진 정당한 국가기관을 교란시키는 것으로써, 내란을 획책하는 명백한 반국가 행위입니다.

국민의 삶은 안중에도 없고 오로지 탄핵과 특검, 야당 대표의 방탄으로 국정이 마비 상태에 있습니다.

지금 우리 국회는 범죄자 집단의 소굴이 되었고, 입법 독재를 통해 국가의 사법·행정 시스템을 마비시키고, 자유민주주의 체제의 전복을 기도하고 있습니다.

자유민주주의의 기반이 되어야 할 국회가 자유민주주의 체제를 붕괴시키는 괴물이 된 것입니다.

지금 대한민국은 당장 무너져도 이상하지 않을 정도의 풍전등화의 운명에 처해 있습니다.

친애하는 국민 여러분,

저는 북한 공산 세력의 위협으로부터 자유대한민국을 수호하고, 우리 국민의 자유와 행복을 약탈하고 있는 파렴치한 종북 반국가 세력들을 일거에 척결하고 자유 헌정질서를 지키기 위해 비상계엄을 선포합니다.

저는 이 비상계엄을 통해 망국의 나락으로 떨어지고 있는 자유 대한민국을 재건하고 지켜낼 것입니다.
이를 위해 지금까지 패악질을 일삼은 망국의 원흉, 반국가 세력을 반드시 척결하겠습니다.

이는 체제 전복을 노리는 반국가 세력의 준동으로부터 국민의 자유
와 안전, 그리고 국가 지속 가능성을 보장하며, 미래 세대에게 제대
로 된 나라를 물려주기 위한 불가피한 조치입니다.

저는 가능한 한 빠른 시간 내에 반국가 세력을 척결하고 국가를 정
상화시키겠습니다.

계엄 선포로 인해 자유대한민국 헌법 가치를 믿고 따라주신 선량한
국민들께 다소의 불편이 있겠습니다마는, 이러한 불편을 최소화하
는 데 주력할 것입니다.

이와 같은 조치는 자유대한민국의 영속성을 위해 부득이한 것이며,
대한민국이 국제사회에서 책임과 기여를 다한다는 대외 정책 기조
에는 아무런 변함이 없습니다.

대통령으로서 국민 여러분께 간곡히 호소드립니다.

저는 오로지 국민 여러분만 믿고 신명을 바쳐 자유 대한민국을 지
켜낼 것입니다.

저를 믿어주십시오.
감사합니다.

깊어가는 밤, 울리는 경고음

그날 밤, 대통령의 목소리는 평소와 달랐다. 피를 토하는 심정이라는 표현은 단순한 수사가 아니었다. 그의 음성에는 깊은 고뇌와 결연한 의지가 동시에 담겨 있었다.

"존경하는 국민 여러분, 저는 대통령으로서 피를 토하는 심정으로 국민 여러분께 호소드립니다."

이 첫 마디에는 이미 그가 내린 결단의 무게가 고스란히 담겨 있었다. 침통한 어조 속에서도 단호함이 묻어나는 그의 육성은, 온 국민의 시선을 TV와 라디오로 집중시켰다.

위기의 본질을 말하다

담화문은 차분하게 현재 대한민국이 처한 위기의 본질을 짚어나갔다. 22건의 무분별한 탄핵 소추, 마비된 사법 체계, 질서를 잃은 입법부의 현실이 상세히 언급되었다. 특히 주목할 만한 것은 이 메시지가 단순한 정치적 수사를 넘어, 구체적 사실과 데이터를 바탕으로 한 진단이었다는 점이다.

"이것은 세계 어느 나라에도 유례가 없을 뿐 아니라 우리나라 건국 이후에 전혀 유례가 없던 상황입니다."

이 말은 현 사태의 비정상성을 강조하는 동시에, 역사적 관점에서 이 순간의 중대성을 부각시켰다.

결단의 순간

담화문 후반부로 갈수록 대통령의 어조는 더욱 단호해졌다. 특히 헌정질서 수호와 국가 기능 정상화에 대한 의지를 밝히는 대목에서는 그의 결연한 의지가 더욱 분명하게 드러났다.

"저는 북한 공산 세력의 위협으로부터 자유대한민국을 수호하고, 우리 국민의 자유와 행복을 약탈하고 있는 파렴치한 종북 반국가 세력들을 일거에 척결하고 자유 헌정질서를 지키기 위해 비상계엄을 선포합니다."

이 선언은 단순한 행정조치의 발표가 아닌, 역사의 갈림길에서 내린 지도자의 결단을 알리는 순간이었다.

희망의 메시지

그러나 담화문은 단순한 경고나 위기의 선언으로 끝나지 않았다. 마지막 부분에서 대통령은 희망과 회복에 대한 강한 의지를 피력했다. 특히 "가능한 한 빠른 시간 내에 반국가 세력을 척결하고 국가를 정상화시키겠다"는 약속은, 이 비상조치가 한시적이며 명확한 목표를 향한 것임을 강조했다.

두 번째 메시지 ── 진실과 책임을 말하다
(2024년 12월 7일 - 계엄해제 이후 첫 담화)

 국민께 드리는 말씀

존경하는 국민 여러분,

저는 12월 3일 밤 11시를 기해 비상계엄을 선포했습니다.

약 2시간 후 12월 4일 오전 1시 경, 국회의 계엄 해제 결의에 따라 군의 철수를 지시하고, 심야 국무회의를 거쳐 계엄을 해제하였습니다.

이번 비상계엄 선포는 국정 최종 책임자인 대통령으로서의 절박함에서 비롯되었습니다.
하지만, 그 과정에서 국민들께 불안과 불편을 끼쳐 드렸습니다.

매우 송구스럽게 생각하며, 많이 놀라셨을 국민 여러분께 진심으로 사과드립니다.

저는 이번 계엄선포와 관련하여 법적, 정치적 책임 문제를 회피하지 않겠습니다.

국민 여러분,
또다시 계엄을 발동할 것이라는 얘기들이 있습니다마는, 분명하게 말씀드립니다.

제2의 계엄과 같은 일은 결코 없을 것입니다.

국민 여러분,
저의 임기 문제를 포함하여 앞으로의 정국 안정 방안은 우리 당에 일임하겠습니다.

향후 국정 운영은 우리 당과 정부가 함께 책임지고 해 나가겠습니다.

국민 여러분께 심려를 끼쳐 드린 점, 다시 한번 머리 숙여 사과드립니다.

사과와 설명의 시간

계엄 해제 이후, 대통령은 다시 한번 국민 앞에 섰다. 이번 담화는 이전과는 다른 결의 속에서 이루어졌다. 군사적 긴장이 해소된 상황에서, 그의 메시지는 보다 깊이 있는 성찰과 설명에 초점이 맞춰졌다.

"저는 12월 3일 밤 10시 34분을 기해 비상계엄을 선포했습니다. 약 2시간 후 12월 4일 오전 1시경, 국회의 계엄 해제 결의에 따라 군의 철수를 지시하고, 심야 국무회의를 거쳐 계엄을 해제하였습니다."

시간대별로 정확한 상황을 설명하는 그의 진술은, 투명성과 책임감을 동시에 보여주었다.

사과와 해명 사이

"이번 비상계엄 선포는 국정 최종 책임자인 대통령으로서의 절박함에서 비롯되었습니다."

대통령은 국민들에게 불안과 불편을 끼친 것에 대해 진심 어린 사과를 전했다. 그러나 동시에 그 결정의 불가피성도 분명히 했다. 이는 단순한 사과를 넘어, 지도자로서의 책임감과 소신을 동시에 보여주는 순간이었다.

계엄령 해제 직후 언론 보도 : 혼란과 소설 같은 보도의 홍수

1. 일방적인 비난과 소설 같은 보도

2024년 12월 4일 계엄령 해제 이후, 언론은 경쟁하듯 대통령의 결정을 비난하며 소설 같은 보도를 쏟아냈다.

- 언론 보도의 초점은 계엄령 선포의 정당성을 분석하거나 평가하는 데 있지 않았다. 출처가 모호한 기사를 메이저 언론사와 방송사가 경쟁적으로 보도하며 국민을 호도했다.
- 대부분의 매체는 계엄령을 독재로 규정하며, "자유민주주의의 후퇴", "헌정질서 파괴", "정치적 도박"이라는 자극적 표현을 사용했다.
- 언론은 사건의 사실 관계를 확인하거나 본질을 파악하려는 시도 대신, 선정적인 보도에 집중했었다.

2. 확인되지 않은 정보와 가짜뉴스 확산

계엄령 해제 이후, 일부 언론과 온라인 매체는 확인되지 않은 정보와 가짜뉴스를 퍼뜨려 국민에게 혼란을 부추겼다.

- "대규모 군사 작전 계획", "주요 시설 점령", "계엄 연장 논의" 등 근거 없는 정보가 보도되었다.
- 일부 보도는 대통령이 계엄령 해제와 동시에 "제2의 계엄령을

준비 중"이라는 허위 사실을 주장하며, 가짜뉴스를 퍼트렸다.

- 이러한 정보들은 확인되지 않은 상태에서 빠르게 확산, 정확한 사실에 기반한 국민적 판단을 어렵게 만들었다.

3. 언론의 편향성과 책임 회피

- 당시 언론은 계엄령 해제 이후에도 일방적으로 대통령의 결정을 비난했으며, 문제를 균형 잡힌 시각으로 다루려는 노력을 거의 보이지 않았다.

- 언론은 계엄령이라는, 비상 상황에서의 정당성과 대통령의 선택이 불가피했던 이유를 조명하지 않았고, 오히려 대통령 개인에 대한 비난과 공격을 강화했다.

- 이는 국민에게 혼란을 줄 뿐만 아니라, 국가적 위기 극복을 위한 논의와 방향성을 제시하지 못한 채 부정적 여론만을 조성한 결과를 낳았다.

4. 국민적 혼란의 확대

- 언론 보도는 확인되지 않은 내용과 자극적인 프레임으로 국민의 불안을 증폭시켰다.

- 일부 국민들은 혼란과 불신 속에서 계엄령과 관련된 모든 행위를 부정적으로 인식하게 되었고, 이는 정부와 대통령에 대한 전반적인 신뢰도 하락으로 이어졌었다.

5. 대통령의 대응 : 진실과 책임을 강조하다

이러한 혼란 속에서도 윤석열 대통령은 국민을 향한 메시지를 통해 직접적으로 상황을 설명하고, 혼란을 줄이려 노력했다.

- "제2의 계엄과 같은 일은 결코 없을 것입니다."
- 이 발언은 가짜뉴스와 언론의 무책임한 보도에 대응하기 위해, 국민들에게 불안을 해소하고 신뢰를 회복하려는 의도로 이루어졌다.
  "국민의 삶과 국정은 반드시 제 궤도에서 운영되어야 합니다."
- 대통령은 국가적 위기 상황 속에서도 헌정질서와 국민적 안전을 최우선으로 삼겠다는 의지를 분명히 했다.

결론 : 혼란 속에서 드러난 언론의 역할 부재

계엄령 해제 이후 언론은 진실을 전달하고 균형 잡힌 논의를 이끌어내야 할 책임을 다하지 못했다.

- 편향되고 자극적인 보도와 확인되지 않은 정보의 유포는 국민적 불신과 갈등을 증폭시켰다.
- 이러한 상황 속에서 대통령은 자신의 메시지를 통해 혼란을 바로잡고, 헌정질서와 자유민주주의의 가치를 수호하려는 지도자의 책임을 보여주었다.

●

세 번째 메시지 ── 위기와 도전 앞에서
(2024년 12월 12일 - 탄핵 정국 속에서)

깊어가는 국가적 위기

상황이 악화되는 가운데 발표된 세 번째 담화는 한층 더 무거웠다. 대통령은 구체적인 수치와 사례를 들어가며 국가가 직면한 위기의 실체를 낱낱이 밝혔다.

"과거의 계엄과는 달리 계엄의 형식을 빌려 작금의 위기 상황을 국민들께 알리고 호소하는 비상조치를 하겠다고 했습니다."

이 발언은 그의 계엄 선포가 가진 특수한 성격을 명확히 했다. 실제로 투입된 병력은 250명 미만이었고, 실탄 지급도 없었다는 사실이 이를 뒷받침했다.

헌법과 민주주의를 향한 호소

"저는 국회 관계자의 국회 출입을 막지 않도록 하였고, 그래서 국회의원과 엄청나게 많은 인파가 국회 마당과 본관, 본회의장으로 들어갔고 계엄 해제 안건 심의도 진행된 것입니다."

이 구절은 비상계엄령이 실제로는 매우 제한적이고 상징적인 조치였음을 강조했다. 대통령은 자신의 조치가 민주주의의 파괴가 아닌, 오히려 그 수호를 위한 것이었음을 역설했다.

존경하는 국민 여러분

저는 오늘,
비상계엄에 관한 입장을 밝히기 위해
이 자리에 섰습니다.

지금 야당은 비상계엄 선포가
내란죄에 해당한다며,
광란의 칼춤을 추고 있습니다.

정말 그렇습니까?

과연 지금 대한민국에서
국정 마비와 국헌 문란을
벌이고 있는 세력이 누구입니까?

지난 2년 반 동안 거대 야당은,
국민이 뽑은 대통령을 인정하지 않고
끌어내리기 위해,
퇴진과 탄핵 선동을 멈추지 않았습니다.

대선 결과를 승복하지 않은 것입니다.

대선 이후부터 현재까지
무려 178회에 달하는 대통령 퇴진,
탄핵 집회가 임기 초부터 열렸습니다.

대통령의 국정운영을 마비시키기 위해
우리 정부 출범 이후부터 지금까지
수십 명의 정부 공직자 탄핵을 추진했습니다.

탄핵된 공직자들은 아무 잘못이 없어도
소추부터 판결 선고 시까지
장기간 직무가 정지됩니다.

탄핵이 발의되고 소추가 이루어지기 전,
많은 공직자들이 자진 사퇴하기도
하였습니다.

탄핵 남발로 국정을 마비시켜 온 것입니다.

장관, 방통위원장 등을 비롯하여
자신들의 비위를 조사한 감사원장과
검사들을 탄핵하고,
판사들을 겁박하는 지경에 이르렀습니다.

자신들의 비위를 덮기 위한 방탄 탄핵이고,
공직기강과 법질서를
완전히 무너뜨리는 것입니다.

뿐만 아니라 위헌적 특검 법안을
27번이나 발의하면서
정치 선동 공세를 가해왔습니다.

급기야는 범죄자가 스스로 자기에게
면죄부를 주는 셀프 방탄 입법까지
밀어붙이고 있습니다.

거대 야당이 지배하는 국회가
자유민주주의의 기반이 아니라
자유민주주의 헌정 질서를 파괴하는
괴물이 된 것입니다.

이것이 국정 마비요,
국가 위기 상황이 아니면
무엇이란 말입니까?

이것뿐만이 아닙니다.

지금 거대 야당은 국가안보와
사회 안전까지 위협하고 있습니다.

예를 들어, 지난 6월 중국인 3명이
드론을 띄워 부산에 정박 중이던
미국 항공모함을 촬영하다 적발된
사건이 있었습니다.

이들의 스마트폰과 노트북에서는
최소 2년 이상 한국의 군사시설들을 촬영한
사진들이 발견되었습니다.

지난달에는 40대 중국인이 드론으로
국정원을 촬영하다 붙잡혔습니다.

이 사람은 중국에서 입국하자마자
곧장 국정원으로 가서

이 같은 일을 벌인 것으로 확인됐습니다.

하지만, 현행 법률로는
외국인의 간첩행위를
간첩죄로 처벌할 길이 없습니다.
이러한 상황을 막기 위해
형법의 간첩죄 조항을 수정하려 했지만,
거대 야당이 완강히 가로막고 있습니다.

지난 정권 당시 국정원의 대공수사권을
박탈한 것도 모자라서,
국가보안법 폐지도 시도하고 있습니다.

국가안보를 위협하는 간첩을
잡지 말라는 것 아닙니까?

북한의 불법적인 핵무장과
미사일 위협 도발에도,
GPS 교란과 오물풍선에도,
민주노총 간첩 사건에도,
거대 야당은 이에 동조할 뿐 아니라,

오히려 북한 편을 들면서

이에 대응하기 위해 고군분투하는
정부를 흠집내기만 했습니다.
북한의 불법 핵 개발에 따른
UN 대북 제재도 먼저 풀어야 한다고
주장합니다.

도대체 어느 나라 정당이고,
어느 나라 국회인지 알 수가 없습니다.

검찰과 경찰의 내년도 특경비, 특활비 예산은
아예 0원으로 깎았습니다.

금융사기 사건, 사회적 약자 대상 범죄,
마약 수사 등 민생 침해 사건 수사,
그리고 대공 수사에 쓰이는 긴요한 예산입니다.

마약, 딥페이크 범죄 대응 예산까지도
대폭 삭감했습니다.

자신들을 향한 수사 방해를 넘어,
마약 수사, 조폭 수사와 같은
민생사범 수사까지 가로막는 것입니다.
대한민국을 간첩 천국, 마약 소굴,

조폭 나라로 만들겠다는 것 아닙니까?

이런 사람들이야말로 나라를 망치려는
반국가세력 아닙니까?

그래놓고 자신들의 특권을 유지하기 위한
국회 예산은 오히려 늘렸습니다.

경제도 위기 비상 상황입니다.

거대 야당은 대한민국의
성장동력까지 꺼트리려고 하고 있습니다.

민주당이 삭감한
내년 예산 내역을 보면 잘 알 수 있습니다.

원전 생태계 지원 예산을 삭감하고,
체코 원전 수출 지원 예산은
무려 90%를 깎아 버렸습니다.
차세대 원전 개발 관련 예산은
거의 전액을 삭감했습니다.

기초과학연구, 양자, 반도체, 바이오 등

미래 성장동력 예산도 대폭 삭감했습니다.

동해 가스전 시추 예산,
이른바 대왕고래 사업 예산도
사실상 전액 삭감했습니다.

청년 일자리 지원 사업,
취약계층 아동 자산 형성 지원 사업,
아이들 돌봄 수당까지 손을 댔습니다.

산업 생태계 조성을 위한 혁신성장펀드,
강소기업 육성 예산도 삭감했습니다.

재해 대책 예비비는 무려 1조원을 삭감하고,
팬데믹 대비를 위한 백신 개발과
관련 R&D 예산도 깎았습니다.
이처럼 지금 대한민국은
거대 야당의 의회 독재와 폭거로
국정이 마비되고 사회 질서가 교란되어,
행정과 사법의 정상적인 수행이
불가능한 상황입니다.

국민 여러분,

여기까지는 국민 여러분께서도
많이 아시고 계실 것입니다.

하지만, 제가 비상계엄이라는
엄중한 결단을 내리기까지,
그동안 직접 차마 밝히지 못했던
더 심각한 일들이 많이 있습니다.

작년 하반기 선거관리위원회를 비롯한
헌법기관들과 정부 기관에 대해
북한의 해킹 공격이 있었습니다.
국가정보원이 이를 발견하고
정보 유출과 전산시스템 안전성을
점검하고자 했습니다.

다른 모든 기관들은 자신들의 참관 하에
국정원이 점검하는 것에 동의하여
시스템 점검이 진행되었습니다.

그러나 선거관리위원회는
헌법기관임을 내세우며
완강히 거부하였습니다.

그러다가 선관위의 대규모 채용 부정
사건이 터져 감사와 수사를 받게 되자
국정원의 점검을 받겠다고
한발 물러섰습니다.

그렇지만 전체 시스템 장비의
아주 일부분만 점검에 응하였고,
나머지는 불응했습니다.
시스템 장비 일부분만 점검했지만
상황은 심각했습니다.

국정원 직원이 해커로서 해킹을 시도하자
얼마든지 데이터 조작이 가능하였고
방화벽도 사실상 없는 것이나
마찬가지였습니다.

비밀번호도 아주 단순하여
'12345' 같은 식이었습니다.

시스템 보안 관리회사도 아주 작은 규모의 전문성이
매우 부족한 회사였습니다.

저는 당시 대통령으로서

국정원의 보고를 받고 충격에 빠졌습니다.

민주주의 핵심인 선거를 관리하는
전산시스템이 이렇게 엉터리인데,
어떻게 국민들이 선거 결과를
신뢰할 수 있겠습니까?
선관위도 국정원의 보안 점검 과정에
입회하여 지켜보았지만,
자신들이 직접 데이터를 조작한 일이
없다는 변명만 되풀이할 뿐이었습니다.

선관위는 헌법기관이고,
사법부 관계자들이 위원으로 있어
영장에 의한 압수수색이나 강제수사가
사실상 불가능합니다.

스스로 협조하지 않으면
진상규명이 불가능합니다.

지난 24년 4월 총선을 앞두고도
문제 있는 부분에 대한 개선을 요구했지만,
제대로 개선되었는지는 알 수 없습니다.

그래서 저는 이번에 국방장관에게
선관위 전산시스템을 점검하도록
지시한 것입니다.
최근 거대 야당 민주당이
자신들의 비리를 수사하고 감사하는
서울중앙지검장과 검사들,
헌법기관인 감사원장을
탄핵하겠다고 하였을 때,

저는 이제 더 이상은
그냥 지켜볼 수만 없다고 판단했습니다.

뭐라도 해야 되겠다고 생각했습니다.

이들은 이제 곧 사법부에도
탄핵의 칼을 들이댈 것이 분명했습니다.

저는 비상계엄령 발동을 생각하게 되었습니다.

거대 야당이 헌법상 권한을 남용하여
위헌적 조치들을 계속 반복했지만,
저는 헌법의 틀 내에서
대통령의 권한을 행사하기로 했습니다.

현재의 망국적 국정 마비 상황을
사회 교란으로 인한
행정 사법의 국가 기능 붕괴 상태로
판단하여 계엄령을 발동하되,

그 목적은 국민들에게
거대 야당의 반국가적 패악을 알려
이를 멈추도록 경고하는 것이었습니다.

그럼으로써 자유민주주의 헌정 질서의
붕괴를 막고,
국가 기능을 정상화하고자 하였습니다.

사실 12월 4일 계엄 해제 이후
민주당에서 감사원장과 서울중앙지검장 등에 대한
탄핵안을 보류하겠다고 하여
짧은 시간의 계엄을 통한 메시지가
일정 부분 효과가 있었다고 생각했습니다.
그러나 이틀 후 보류하겠다던
탄핵소추를 그냥 해 버렸습니다.

비상계엄의 명분을 없애겠다는
뜻이었습니다.

애당초 저는 국방장관에게,
과거의 계엄과는 달리
계엄의 형식을 빌려
작금의 위기 상황을 국민들께 알리고
호소하는 비상조치를 하겠다고 했습니다.

그래서 질서 유지에 필요한
소수의 병력만 투입하고,
실무장은 하지 말고,
국회의 계엄 해제 의결이 있으면
바로 병력을 철수시킬 것이라고 했습니다.

실제로 국회의 계엄 해제 의결이 있자
국방부 청사에 있던 국방장관을
제 사무실로 오게 하여
즉각적인 병력 철수를 지시하였습니다.

제가 대통령으로서 발령한
이번 비상조치는 대한민국의 헌정 질서와
국헌을 망가뜨리려는 것이 아니라,

국민들에게 망국의 위기 상황을 알려드려
헌정 질서와 국헌을 지키고

회복하기 위한 것입니다.

소규모이지만 병력을 국회에 투입한 이유도 거대 야당의
망국적 행태를 상징적으로 알리고,

계엄 선포 방송을 본 국회 관계자와
시민들이 대거 몰릴 것을 대비하여
질서 유지를 하기 위한 것이지,
국회를 해산시키거나
기능을 마비시키려는 것이 아님은
자명합니다.

300명 미만의 실무장하지 않은 병력으로
그 넓디넓은 국회 공간을
상당 기간 장악할 수 없는 것입니다.

과거와 같은 계엄을 하려면
수만 명의 병력이 필요하고,
광범위한 사전 논의와 준비가 필요하지만,

저는 국방장관에게 계엄령 발령
담화 방송으로 국민들께 알린 이후에
병력을 이동시키라고 지시했습니다.

그래서 10시 30분 담화 방송을 하고
병력 투입도 11시 30분에서
12시 조금 넘어서 이루어졌으며,
1시 조금 넘어 국회의 계엄 해제 결의가 있자 즉각 군 철수를
지시하였습니다.

결국 병력이 투입된 시간은
한두 시간 정도에 불과합니다.

만일 국회 기능을 마비시키려 했다면,
평일이 아닌 주말을 기해서
계엄을 발동했을 것입니다.

국회 건물에 대한 단전, 단수 조치부터
취했을 것이고, 방송 송출도 제한했을 것입니다.

그러나 그 어느 것도 하지 않았습니다.

국회에서 정상적으로 심의가 이루어졌고,
방송을 통해 온 국민이
국회 상황을 지켜보았습니다.
자유민주 헌정질서를 회복하고 수호하기 위해
국민들께 망국적 상황을 호소하는

불가피한 비상조치를 했지만,

사상자가 발생하지 않도록
안전사고 방지에 만전을 기하도록 하였고,
사병이 아닌 부사관 이상 정예 병력만
이동시키도록 한 것입니다.

저는 이번 비상계엄을 준비하면서
오로지 국방장관하고만 논의하였고,
대통령실과 내각 일부 인사에게
선포 직전 국무회의에서 알렸습니다.

각자의 담당 업무 관점에서 우려되는
반대 의견 개진도 많았습니다.

저는 국정 전반을 보는 대통령의 입장에서
현 상황에서 이런 조치가 불가피하다고
설명했습니다.
군 관계자들은 모두
대통령의 비상계엄 발표 이후
병력 이동 지시를 따른 것이니만큼,
이들에게는 전혀 잘못이 없습니다.

그리고 분명히 말씀드리지만,
저는 국회 관계자의 국회 출입을
막지 않도록 하였고,

그래서 국회의원과 엄청나게 많은 인파가
국회 마당과 본관, 본회의장으로 들어갔고
계엄 해제 안건 심의도 진행된 것입니다.

그런데도 어떻게든 내란죄를 만들어
대통령을 끌어내리기 위해
수많은 허위 선동을 만들어내고 있습니다.

도대체 2시간 짜리 내란이라는 것이 있습니까?

질서 유지를 위해 소수의 병력을
잠시 투입한 것이 폭동이란 말입니까?

거대 야당이 거짓 선동으로
탄핵을 서두르는 이유가 무엇이겠습니까?

단 하나입니다.

거대 야당 대표의 유죄 선고가 임박하자,

대통령의 탄핵을 통해 이를 회피하고
조기 대선을 치르려는 것입니다.

국가 시스템을 무너뜨려서라도,
자신의 범죄를 덮고
국정을 장악하려는 것입니다.

이야말로 국헌 문란 행위 아닙니까?
저를 탄핵하든, 수사하든
저는 이에 당당히 맞설 것입니다.
저는 이번 계엄 선포와 관련해서
법적, 정치적 책임 문제를
회피하지 않겠다고
이미 말씀드린 바 있습니다.

저는 대통령 취임 이후 지금까지
단 한 순간도 개인적인 인기나
대통령 임기, 자리 보전에
연연해온 적이 없습니다.

자리 보전 생각만 있었다면,
국헌 문란 세력과
구태여 맞서 싸울 일도 없었고

이번과 같이 비상계엄을 선포하는 일은
더더욱 없었을 것입니다.

5년 임기 자리 지키기에만 매달려
국가와 국민을 외면할 수 없었습니다.

저를 뽑아주신 국민의 뜻을
저버릴 수 없었습니다.
하루가 멀다 하고 다수의 힘으로
입법 폭거를 일삼고
오로지 방탄에만 혈안되어 있는
거대 야당의 의회 독재에 맞서,

대한민국의 자유민주주의와 헌정 질서를
지키려 했던 것입니다.

그 길밖에 없다고 판단해서 내린
대통령의 헌법적 결단이자 통치행위가
어떻게 내란이 될 수 있습니까?

대통령의 비상계엄 선포권 행사는
사면권 행사, 외교권 행사와 같은
사법심사의 대상이 되지 않는

통치행위입니다.

국민 여러분,

지금 야당은 저를 중범죄자로 몰면서,
당장 대통령직에서
끌어내리려 하고 있습니다.

만일 망국적 국헌 문란 세력이
이 나라를 지배한다면
어떤 일이 벌어지겠습니까?

위헌적인 법률, 셀프 면죄부 법률,
경제 폭망 법률들이 국회를 무차별 통과해서
이 나라를 완전히 부술 것입니다.

원전 산업, 반도체 산업을 비롯한
미래 성장동력은 고사될 것이고,
중국산 태양광 시설들이
전국의 삼림을 파괴할 것입니다.

우리 안보와 경제의 기반인
한미동맹, 한미일 공조는

또다시 무너질 것입니다.

북한은 핵과 미사일을 고도화하여
우리의 삶을 더 심각하게 위협할 것입니다.

그러면 이 나라, 대한민국의 미래가
어떻게 되겠습니까?

간첩이 활개 치고,
마약이 미래세대를 망가뜨리고,
조폭이 설치는,
그런 나라가 되지 않겠습니까?

지금껏 국정 마비와 국헌 문란을 주도한
세력과 범죄자 집단이 국정을 장악하고,
대한민국의 미래를 위협하는 일만큼은
어떤 일이 있어도 막아야 합니다.
저는 끝까지 싸울 것입니다.

국민 여러분,

국정 마비의 망국적 비상 상황에서
나라를 지키기 위해,

국정을 정상화하기 위해,
대통령의 법적 권한으로 행사한
비상계엄 조치는,

대통령의 고도의 정치적 판단이고,
오로지 국회의 해제 요구만으로
통제할 수 있는 것입니다.

이것이 사법부의 판례와
헌법학계의 다수 의견임을
많은 분들이 알고 있습니다.

저는 국회의 해제 요구를
즉각 수용하였습니다.

계엄 발령 요건에 관해
다른 생각을 가지고 계신 분들도
있습니다만,

나라를 살리려는 비상조치를
나라를 망치려는 내란 행위로 보는 것은,
여러 헌법학자와 법률가들이
지적하는 바와 같이

우리 헌법과 법체계를
심각한 위험에 빠뜨리는 것입니다.

저는 묻고 싶습니다.

지금 여기저기서 광란의 칼춤을 추는
사람들은 나라가 이 상태에 오기까지
어디서 도대체 무얼 했습니까?
대한민국의 상황이 위태롭고
위기에 놓여 있다는 생각도
전혀 하지 않았다는 말입니까?

공직자들에게 당부합니다.

엄중한 안보 상황과 글로벌 경제위기에서
국민의 안전과 민생을 지키는 일에
흔들림 없이 매진해 주시기 바랍니다.

국민 여러분,

지난 2년 반,
저는 오로지 국민만 바라보며,
자유민주주의를 지키고 재건하기 위해

불의와 부정, 민주주의를 가장한 폭거에
맞서 싸웠습니다.

피와 땀으로 지켜온 대한민국,
우리의 자유민주주의를 지키는 길에
모두 하나가 되어주시길
간곡한 마음으로 호소드립니다.

저는 마지막 순간까지
국민 여러분과 함께 싸우겠습니다.

짧은 시간이지만 이번 계엄으로
놀라고 불안하셨을 국민 여러분께
다시 한번 사과드립니다.

국민 여러분에 대한
저의 뜨거운 충정만큼은 믿어주십시오.

감사합니다.

국민과의 직접 소통

진정성의 전달

세 차례의 담화문에서 일관되게 드러나는 것은 대통령의 진정성이었다. 격식 있는 정치적 수사보다는 진솔한 심정과 구체적 설명을 통해 국민과 소통하고자 했다.

변화하는 어조

주목할 만한 것은 시간이 지날수록 담화문의 어조가 변화했다는 점이다. 초기의 단호함과 절박함에서 점차 숙고와 성찰의 톤으로 변화했으며, 마지막에는 미래에 대한 희망과 비전을 제시하는 방향으로 발전했다.

●

핵심 메시지 — 민주주의의 시험대에서
(2024년 12월 12일 심야 담화 전문 분석)

침묵을 깨다

깊어가는 밤, 대통령은 전례 없는 고백성 담화를 통해 그간 밝히지 못했던 진실들을 털어놓기 시작했다. 이는 단순한 정치적 해명이 아닌, 역사 앞에서의 증언과도 같은 순간이었다.

숨겨진 진실의 공개

"작년 하반기 선거관리위원회를 비롯한 헌법기관들과 정부 기관에 대해 북한의 해킹 공격이 있었습니다."

대통령은 그간 공개되지 않았던 국가안보 위기 상황을 처음으로 밝혔다. 이어진 설명은 충격적이었다. 선관위의 보안 시스템이 거의 무방비 상태였다는 사실, 심지어 비밀번호가 '12345'와 같은 초보적인 수준이었다는 폭로는 국민들에게 큰 충격을 주었다.

위기의 실체

민주주의 제도의 붕괴 위험

"수사권이 없는 기관에 영장이 발부되고, 또 영장 심사권이 없는 법원이 체포영장과 압수수색 영장을 발부하는 것을 보면서..."

대통령은 법치주의의 근간이 흔들리는 구체적인 사례들을 제시했다. 이는 단순한 정치적 대립을 넘어, 민주주의의 기본 작동 원리가 왜곡되고 있음을 지적하는 것이었다.

깊어가는 국가적 위기

"국가 예산 처리도 국가 본질 기능과 마약 범죄 단속, 민생 치안 유지를 위한 모든 주요 예산을 전액 삭감해 국가 본질 기능을 훼손하고 대한민국을 마약 천국, 민생 치안 공황 상태로 만들었습니다."

예산 삭감의 실상을 구체적으로 언급하며, 국가 기능의 마비가 실제로 얼마나 심각한 수준인지를 적나라하게 보여주었다.

결단의 순간들

고독한 선택

"저는 이번 계엄을 준비하면서 오로지 국방장관하고만 논의하였고, 대통령실과 내각 일부 인사에게 선포 직전 국무회의에서 알렸습니다."

이 고백은 그의 결정이 얼마나 고독하고 무거운 것이었는지를 보여준다. 최소한의 인원만 관여한 이 결정은, 정보 유출을 막고 혼란을 최소화하기 위한 불가피한 선택이었다.

역사 앞에 선 지도자

"저는 법적, 정치적 책임을 회피하지 않겠습니다."

이 선언은 단순한 정치적 수사가 아닌, 역사와 국민 앞에 선 지도자의 결연한 의지를 보여주는 것이었다. 그는 자신의 선택이 가져올 모든 결과를 감수하겠다는 의지를 분명히 했다.

시대를 향한 증언

진실의 기록

대통령의 이 담화는 단순한 정치적 메시지를 넘어, 한 시대의 중요한 역사적 증언으로서의 가치를 지닌다. 위기의 순간에 내려진 결단, 그 과정에서의 고뇌와 결심, 그리고 그 이면의 진실들이 상세히 기록되었다.

미래를 향한 경고

동시에 이 담화는 미래 세대를 향한 경고이기도 했다. 민주주의와 법치주의가 얼마나 쉽게 위협받을 수 있는지, 그리고 이를 지키기 위해서는 어떤 용기와 결단이 필요한지를 보여주는 생생한 증언이었다.

민주당의 '탄핵 남발' – 29건의 탄핵소추, 12건 가결 국정 마비와 정권 탈환 시나리오

　더불어민주당이 윤석열 정부 출범 이후 2년 7개월 동안 총 29건의 탄핵소추안을 발의, 이 중 12건을 국회에서 가결했다. 대한민국 역사상 유례없는 사례다. 이건 단순한 정치 공세가 아니라 정부 마비와 조기 대선을 유도하려는 전략적 탄핵 남발이다.

1. 탄핵 남발의 목적과 배경

　탄핵은 본래 공직자가 중대한 헌법 및 법률 위반을 저질렀을 때 최후의 수단으로 사용하는 헌법적 장치다. 하지만 민주당은 이를 이재명 방탄과 국정 마비, 조기 대선 유도를 위한 정치적 도구로 활용하고 있다.

윤석열 정부의 국정 운영 방해

- 탄핵된 인사 대부분이 정부 요직을 담당하는 핵심 인물들이다.
- 특히 검찰 · 감사원 · 방송통신위원회 등 사법 · 언론 기관을 무력화하여 정권 감시 기능을 없애려는 의도가 뚜렷하다.

이재명 방탄 탄핵

- 이재명은 대장동, 성남FC, 법인카드 유용, 쌍방울 대북 송금 등 각종 사법 리스크를 안고 있다.

- 검찰이 이재명을 수사하는 검사들을 탄핵하거나, 관련 수사를 맡고 있는 기관장을 탄핵하는 '방탄용 탄핵' 전략을 실행하고 있다.

조기 대선 정국 조성

- 탄핵을 통해 국정을 마비시키고, 대통령 파면과 조기 대선 시나리오를 가동하려는 전략이다.
- 국무회의가 정족수 미달(11명 이하)로 운영되지 못할 경우, 민주당이 원하는 법안을 일방적으로 공포할 수 있는 체제가 될 수 있어 심각한 우려가 제기된다.

2. 탄핵 가결된 12명 분석

탄핵된 인사들은 대통령과 핵심 참모, 검찰 및 사법기관 인사, 국정 운영 주요 인물들이다.

① 법무·검찰 탄압 (4명)

- 안동완 검사, 손준성 검사, 이정섭 검사, 이창수 서울중앙지검장
- 공통점 : 이재명 수사와 관련된 검사들
- 분석 : 검찰 독립성을 약화시키고 이재명 수사를 방해하려는 전략

② 행정부 주요 인사 탄핵 (5명)

- 이상민 전 행안부 장관, 박성재 법무부 장관, 조지호 경찰청장,

한덕수 국무총리(대통령 권한대행), 최재해 감사원장

- 공통점 : 국가 행정 핵심 역할을 담당하는 인물들
- 분석 : 정부 기능을 마비시키려는 목적이 명확함.

③ 방송·언론 장악 (1명)

- 이진숙 방송통신위원장, (이동관)
- 공통점 : 방송·미디어 관련 인사
- 분석 : 방송 및 언론 통제 전략의 일환.

※ 이동관 전 방통위원장은 탄핵소추안이 국회에서 가결되기 전 사퇴

④ 윤석열 대통령 탄핵

- 민주당은 위의 11건의 탄핵을 통해 대통령 탄핵 분위기를 조성한 후, 윤 대통령 탄핵을 본격적으로 추진함.
- 조기 대선을 유도하여 정권을 탈환하려는 전략으로 보임.

3. 탄핵소추안 남발의 문제점

① 헌법 질서 훼손

- 탄핵을 남발하면 헌법적 장치의 신뢰성을 훼손할 위험이 있다.
- 탄핵은 본래 중대한 법률 위반에 대해서만 적용되어야 하는데, 민주당이 이를 정치적 무기로 악용하고 있다.

② 국정 마비와 행정부 기능 상실

• 주요 정부 인사들이 탄핵되면서 국정이 마비될 위기에 처했다.

• 국무회의 정족수 부족 사태가 발생할 경우 국가 주요 정책이
차질을 빚을 가능성이 크다.

③ 헌법재판소의 부담 증가

• 헌법재판소가 계속해서 탄핵심판을 진행해야 하기 때문에 정치
적 논쟁에 휘말릴 가능성이 높아졌다.

• 탄핵소추 남발이 헌재의 권위를 실추시킬 위험이 있다.

④ 국제사회 신뢰 하락

• 전 세계적으로 전례 없는 탄핵 남발 사태로 인해 대한민국의
정치적 신뢰도가 하락할 가능성이 크다.

• 미국 등 우방국들도 한국의 정치적 불안정성을 우려하고 있다.

4. 결론

민주당이 **2년 7개월 동안 29건의 탄핵소추안을 발의하고 12건
을 가결한 것은 명백한 '탄핵 남발' **이며, 국정 마비와 정권 탈환을
위한 전략적 움직임으로 볼 수 있다.

윤석열 대통령 탄핵을 최종 목표로 하여 정부 요직 인사를 제거하

고, 검찰·감사원·방송통신위원회 등 국가 주요 기관을 무력화하는 행태가 계속되고 있다.

탄핵소추 절차를 남용하는 행태를 막기 위한 제도적 장치가 필요하며, 헌법재판소가 정치적 영향을 받지 않고 공정한 판단을 내릴 수 있도록 철저한 감시와 견제가 필수적이다.

탄핵 가결된 12명

번호	이름	직책	탄핵 사유	헌법재판소
1	이상민	전 행정안전부 장관	이태원 참사 대응 부실	기각
2	안동완	검사	이재명 수사 관련	기각
3	손준성	검사	고발 사주 의혹	절차 정지
4	이정섭	검사	공수처 수사 관련	기각
5	이진숙	방송통신위원장	방송법 개정 반대 및 언론 개입	기각
6	최재해	감사원장	문재인 정부 감사 방해 의혹	탄핵 진행 중
7	이창수	서울중앙지검장	대장동·쌍방울 수사	탄핵 진행 중
8	최재훈	서울중앙지검 반부패수사 2부장	대장동·쌍방울 수사	탄핵 진행 중
9	박성재	법무부 장관	검찰 인사 및 수사지휘권 행사	탄핵 진행 중
10	조지호	경찰청장	대통령 경호 및 치안 대응 문제	탄핵 진행 중
11	한덕수	국무총리(대통령 권한대행)	국정 운영 책임	탄핵 진행 중
12	윤석열	대통령	비상계엄 선포 및 내란 혐의	탄핵 진행 중

윤석열 대통령의 비상계엄 선포와 관련하여 내란죄 성립 여부에 대한 논의가 제기되었다. 그러나 대통령 측은 이번 계엄령이 내란죄에 해당하지 않는다는 입장을 밝혔다. 이를 이해하기 위해 먼저 내란죄의 법적 요건을 살펴볼 필요가 있다.

내란죄의 구성요건

대한민국 형법 제87조에 따르면, 내란죄는 다음과 같은 요소를 충족해야 한다.

- **국헌 문란의 목적이 있어야 한다.**
  국가권력을 배제하거나, 헌법과 법률에 따른 절차를 무시하고 정부의 기능을 소멸시키려는 목적이 있어야 한다.

- **폭동이 발생해야 한다.**
  내란죄에서 '폭동'이란 다수인이 결합하여 폭력을 행사하는 것을 의미하며, 적어도 한 지방의 질서를 해할 정도로 조직적인 규모를 가져야 한다.

이와 같은 내란죄의 법적 요건을 기준으로 이번 비상계엄 선포가 이에 해당하는지 검토해볼 필요가 있다.

계엄령 선포와 내란죄 성립 여부

윤석열 대통령 측은 이번 계엄령 선포가 내란죄에 해당하지 않는다고 주장하며, 그 근거로 다음과 같은 점을 제시했다.

1. 국헌 문란의 목적이 존재하지 않았다.

이번 계엄령은 헌법과 법률이 정한 절차에 따라 발동되었으며, 국회의 동의와 법적 심사를 받는 구조 속에서 이루어졌다. 따라서 국헌을 문란하게 하려는 목적이 있었다고 보기 어렵다.

2. 폭동이 발생하지 않았다.

비상계엄은 대통령의 권한 행사이며, 내란죄에서 정의하는 '폭동'과 같은 물리적 충돌이나 군사적 반란이 없었다.

3. 국회의 계엄 해제 요구를 수용했다.

대통령은 국회의 계엄 해제 요구가 있자 즉각 이를 받아들여 계엄을 해제했다. 이는 헌법이 보장하는 삼권분립을 유지하려는 의지가 있었음을 보여주며, 국가기관을 강압적으로 전복하려는 시도가 없었음을 의미한다.

결론 : 내란죄의 적용 가능성

대통령 측은 이번 계엄령이 헌법과 법률의 절차를 준수한 행정적 조치였으며, 국가의 질서를 보호하기 위한 목적이었기 때문에 내란죄가 성립할 수 없다는 입장을 강조하고 있다. 특히, 계엄 해제 과정에서 국회의 요구를 수용하고 헌법 절차를 준수했다는 점은 이번 사건을 내란죄로 규정하는 것이 어렵다는 논리를 뒷받침한다.

결국, 이번 사건이 법적으로 내란죄에 해당하는지 여부는 헌법재판소의 판단과 법적 해석에 달려 있으며, 향후 법적 절차를 통해 최종적으로 판가름날 것이다.

하루가 멀다 하고 다수의 힘으로
입법 폭거를 일삼고
오로지 방탄에만 혈안 되어 있는
거대 야당의 의회 독재에 맞서,
대한민국의 자유민주주의와 헌정 질서를
지키려 했던 것입니다.

그 길 밖에 없다고 판단해서 내린
대통령의 헌법적 결단이자 통치행위가
어떻게 내란이 될 수 있습니까?

제 3 장

운명의 시간들 : 마지막 담화들

●

새해 첫날의 편지
(2025년 1월 1일, 관저에서)

고독한 새해

공수처의 체포 위협이 현실화되어가는 가운데, 대통령은 관저에서 특별한 신년 메시지를 작성했다. 이는 통상적인 신년사가 아닌, 한 인간이자 지도자로서 남기는 진솔한 편지였다.

"자유와 민주주의를 사랑하는 애국시민 여러분!
새해 첫날부터 추운 날씨에도, 이 나라의 자유민주주의와 헌정질서를 지키기 위해 이렇게 많이 나와 수고해 주셔서 정말 감사합니다."

차가운 겨울바람 속에서도 민주주의를 지키기 위해 거리에 선 시민들을 향한 그의 감사 인사에는 깊은 감동이 실려 있었다.

희망의 메시지

"나라 안팎의 주권 침탈 세력과 반국가 세력의 준동으로 지금 대한민국이 위협받고 있습니다. 저는 여러분과 함께 이 나라를 지키기 위해 끝까지 싸울 것입니다."

위기의 순간에도 그는 희망을 잃지 않았다. 오히려 국민과 함께하는 투쟁의 의지를 더욱 강하게 표명했다.

자유와 민주주의를 사랑하는 애국시민 여러분!

새해 첫날부터 추운 날씨에도,
이 나라의 자유민주주의와 헌정질서를 지키기 위해
이렇게 많이 나와 수고해 주셔서 정말 감사합니다.

저는 실시간 생중계 유튜브를 통해

여러분께서 애쓰시는 모습을 보고 있습니다.
정말 고맙고 안타깝습니다.
그리고 추운 날씨에 건강 상하시지 않을까
걱정도 많이 됩니다.

나라 안팎의 주권 침탈 세력과 반국가 세력의 준동으로
지금 대한민국이 위협받고 있습니다.
저는 여러분과 함께 이 나라를 지키기 위해
끝까지 싸울 것입니다.

국가의 주인이 주권이 아니라
국민 한 분 한 분이 주인인 자유민주주의는
반드시 승리합니다!
우리의 더 힘을 냅시다!
정말 감사하고 또 감사합니다.
새해 여러분의 건강과 건승을 빌겠습니다.

대통령 윤석열

가장 높은 곳에서 가장 낮은 곳으로 내려온 사람의 편지

윤석열 대통령의 새해 첫 편지는 단순한 대국민 메시지가 아닙니다. 그 안에는 스스로 선택한 길 위에서 겪어야 했던 고난과 희생, 그리고 국민들에게 전하고자 하는 진심이 담겨 있다.

스스로 선택한 길, 그리고 낮은 곳으로의 여정

윤석열 대통령은 편지에서 "이 나라의 자유민주주의와 헌정질서를 지키기 위해" 자신이 어떤 길을 걸어왔는지 말하고 있습니다. 대통령이라는 자리는 모든 권력의 정점에 서는 자리입니다. 하지만 그 자리는 결코 권위와 안락함만을 제공하지 않습니다. 대통령은 자신의 선택으로 가장 높은 자리에서 가장 낮은 자리로 내려가는 길을 택했다. 비상계엄이라는 극단적인 결정을 내리고, 탄핵 소추로 직무가 정지된 상황 속에서, 그는 이제 국민과 물리적으로는 거리를 두고 있지만 심리적으로는 더 가까워지고 싶어합니다. "실시간 생중계 유튜브를 통해 보고 있습니다"라는 말은 단순한 수사가 아니라, 고립 속에서도 국민과 함께하고자 하는 진심을 담고 있다.

자유민주주의의 수호자라는 신념

편지 속 "주권 침탈 세력과 반국가 세력"이라는 표현은 단순히 상대를 비판하려는 목적이 아니다. 이는 대통령이 자신의 행동을 단순한 정치적 선택으로 여기는 것이 아니라, 자유민주주의를 지키기 위한 필연적 결단으로 여긴다는 것을 보여준다. 그는 자신이 맞서 싸우는 대상과 그 이유를 분명히 알고 있었고, 그것이 자신을 낮은 곳으로 내려가게 했다는 사실을 받아들인 것이다.

국민에 대한 감사와 염려

윤석열 대통령은 편지 곳곳에서 국민에 대한 감사와 염려를 표현하고 있다. "정말 고맙고 안타깝습니다"라는 말에서 우리는 그의 진심을 느낄 수 있다. 자신을 지지하기 위해 추운 날씨 속에서도 거리로 나선 국민들을 걱정하는 그의 마음에는, 단순한 지도자의 책임감만이 아니라 인간적인 따뜻함도 담겨 있다.

특히 "추운 날씨에 건강 상하시지 않을까 걱정된다"는 말은, 단순히 정치적 메시지가 아니라, 국민들을 향한 따뜻한 인간 윤석열의 목소리로 느껴진다. 그는 국민들과 함께 울고, 함께 싸우며, 함께 나아가고자 하는 지도자로서의 면모를 보여주고 있다.

희망을 말하는 사람

편지의 마지막 부분에서 대통령은 "자유민주주의는 반드시 승리합니다"라는 강한 메시지를 남기고 있다. 어두운 터널 속에서도 그는 국민들에게 희망을 전하려 한다. 그는 자신이 선택한 길이 힘들고 고통스러울지라도, 그 끝에서 반드시 자유민주주의의 빛이 비출 것이라고 믿고 있다.

이 메시지는 단순히 자신의 결단을 정당화하기 위한 것이 아니다. 이는 국민들에게 그가 포기하지 않았음을, 그리고 국민들 또한 포기하지 말아야 함을 말하는 것이다. "이 나라의 미래는 희망적"이라는 그의 말은, 정치적 수사가 아니라 고난 속에서도 희망을 놓지 않으려는 한 사람의 진심이다.

가장 높은 곳에서 가장 낮은 곳으로

윤석열 대통령은 스스로 선택한 길 위에서 가장 낮은 곳으로 내려왔다. 그가 이 선택을 하지 않았다면, 그는 여전히 편안한 자리에서 많은 것을 누릴 수 있었을지도 모른다. 그러나 그는 그 자리에서 내려와 스스로 십자가를 짊어지고, 국민과 같은 땅을 걸으며 자유민주주의를 지키기 위해 싸우고 있다.

이 편지는 단순히 대통령의 정치적 메시지가 아니다. 이는 그의 선택이, 그리고 그 선택의 무게가 얼마나 깊은지를 보여주는 기록이다. 동시에, 이 편지는 국민과 스스로에게 진정한 리더란 무엇인지, 그리고 우리가 어떤 방향으로 나아가야 하는지를 묻고 있다.

공수처의 내란죄 수사권과 대통령 체포의 법적 논란

윤석열 대통령 측은 공수처의 내란죄 수사가 법적으로 불가능하며, 공수처가 권한을 남용하여 불법적으로 대통령을 체포했다고 주장하고 있다. 공수처법에 규정된 수사 대상과 권한을 고려할 때, 이번 사건이 명백한 월권 행위이며, 법적 절차를 무시한 위헌적 조치라는 입장이다.

1. 공수처의 내란죄 수사권 부재

공수처의 수사 범위는 **「고위공직자범죄수사처 설치 및 운영에 관한 법률」(이하 '공수처법')** 에 따라 제한된다.

- 공수처법 제2조(정의)(3) "고위공직자범죄"란 다음 각 목의 어느 하나에 해당하는 범죄를 말한다.

  가. 형법 제122조부터 제133조까지의 죄(직무 관련 범죄)

  나. 특정경제범죄 가중처벌 등에 관한 법률 위반 범죄 등

- □ 내란죄(형법 제87조)는 공수처의 수사 대상 범죄가 아니다.

  즉, 공수처는 내란죄를 직접 수사할 수 있는 권한이 없으며, 내란죄 관련 수사는 검찰 또는 경찰이 담당해야 한다. 대통령 측은 공수처가 법적 근거 없이 내란죄 수사에 착수한 것 자체가 불법이라고 주장하고 있다.

2. 대통령 체포의 불법성

윤 대통령 측은 공수처가 법적 권한 없이 대통령을 체포했으며, 이는 헌법과 법률을 위반한 중대한 불법 행위라고 주장한다.

□ 체포의 불법성 근거

□ 공수처의 수사 대상이 아닌 사건을 무리하게 수사했다.

- 공수처법에 따르면 내란죄는 공수처의 관할이 아니므로, 공수처가 대통령을 체포할 권한이 없음.

□ 관할 법원에서 적법한 영장을 발부받지 않았다.

- 공수처가 서울서부지방법원에서 체포영장을 발부받았으나, 대통령 측은 이는 관할 법원을 위반한 불법 조치라고 주장.

□ 대통령 신분 보호 조항을 무시했다.

- 헌법 제84조에 따라 대통령은 재임 중 내란 · 외환죄를 제외하고는 형사소추를 받지 않는다.

- 하지만 공수처가 내란죄가 아닌 직권남용 혐의로 수사하면서 내란죄를 추가해 체포영장을 발부받은 것은 법적 절차를 우회하려는 의도로 볼 수 있음.

3. 대통령 측의 입장 : 권력 남용과 위헌적 조치

☐ 윤 대통령 측은 공수처가 법적 권한을 초월한 무리한 수사를 진행하고 있으며, 이는 대통령 권한을 침해하는 위헌적 조치라고 주장한다.

- 공수처가 내란죄를 수사할 권한이 없다는 점을 무시하고, 불법적으로 사건을 확대해석했다.
- 대통령의 신분과 헌법상 보호 조항을 무시한 채 강압적으로 체포했다.
- 법원 또한 공수처의 법적 한계를 간과하고 영장을 발부하여, 헌법 질서를 위반했다.

대통령 측은 이번 사건이 단순한 법적 논란이 아니라, 헌정 질서와 권력기관 간의 권한 남용 문제를 보여주는 대표적 사례로 남을 것이라고 강조하고 있다.

☐ 결론

윤석열 대통령 측은 공수처의 수사가 명백한 월권 행위이며, 불법적인 체포가 진행되었기 때문에 이를 즉각 철회하고, 헌법과 법률에 따른 정상적인 절차가 회복되어야 한다고 주장하고 있다. 이 사건이 단순한 법적 다툼을 넘어, 헌정 질서를 수호하는 중요한 분기점이 될 것이라는 입장을 견지하고 있다.

●

관저에서의 마지막 영상 메시지

(2025년 1월 15일, 체포 직전)

 존경하는 국민 여러분, 그동안 잘 계셨습니까? _

저를 응원하고 많은 지지를 보내주신 거에 대해서 정말 감사의 말씀을 드립니다.

안타깝게도 이 나라에는 법이 모두 무너졌습니다.
수사권이 없는 기관에 영장이 발부되고, 또 영장 심사권이 없는 법원이 체포영장과 압수수색 영장을 발부하는 것을 보면서, 그리고 수사기관이 거짓 공문서를 발부해서 국민들을 기만하는 이런 불법의 불법의 불법이 자행되고 무효인 영장에 의해서 절차를 강압적으로 진행하는 것을 보고 정말 개탄스럽지 않을 수 없습니다.

저는 이렇게 불이익을 당하더라도 우리 국민 여러분께서 앞으로 이러한 형사 사건을 겪게 될 때 이런 일이 정말 없었으면 좋겠습니다.

저는 오늘 이들이 경호 보안 구역을 소방 장비를 동원해서 침입해 들어오는 것을 보고 불미스러운 유혈 사태를 막기 위해서 일단 불법 수사이기는 하지만 공수처 출석에 응하기로 했습니다.

그러나 제가 이 공수처의 수사를 인정하는 것은 아닙니다. 대한민국의 헌법과 법 체계를 수호해야 하는 대통령으로서 이렇게 불법적이고 무효인 이런 절차에 응하는 것은, 이것을 인정하는 것이 아니라, 불미스러운 유혈 사태를 막기 위한 마음일 뿐입니다.

국민 여러분께서 그동안, 특히 우리 청년들이 자유민주주의의 소중함을 정말 재인식하게 되고, 여기에 대한 열정을 보여주시는 것을 보고, 저는 지금은 법이 무너지고 칠흑같이 어두운 시절이지만 이 나라의 미래는 희망적이라는 생각을 갖게 됐습니다.

국민 여러분, 아무쪼록 건강하시고 힘내시기 바랍니다.
감사합니다.

역사적 고백

체포가 임박한 상황에서 녹화된 이 메시지는, 대통령 자신의 정치적 생애에서 가장 솔직하고 진정성 있는 발언으로 기록되었다.

"안타깝게도 이 나라에는 법이 모두 무너졌습니다. 수사권이 없는 기관에 영장이 발부되고, 또 영장 심사권이 없는 법원이 체포영장과 압수수색 영장을 발부하는 것을 보면서..."

그의 목소리에는 법치주의의 붕괴를 목도한 법조인 출신 대통령으로서의 깊은 절망감이 묻어났다.

마지막 선택

"저는 오늘 이들이 경호 보안 구역을 소방 장비를 동원해서 침입해 들어오는 것을 보고 불미스러운 유혈 사태를 막기 위해서 일단 불법 수사이기는 하지만 공수처 출석에 응하기로 했습니다."

이는 단순한 항복이 아닌, 국가와 국민의 안위를 위한 최후의 결단이었다. 대통령은 자신의 정치적 운명보다 국민의 안전을 우선시했다.

마지막 순간의 희망

청년들을 향한 메시지

"특히 우리 청년들이 자유민주주의의 소중함을 정말 재인식하게 되고, 여기에 대한 열정을 보여주시는 것을 보고, 저는 지금은 법이 무너지고 칠흑같이 어두운 시절이지만 이 나라의 미래는 희망적이라는 생각을 갖게 됐습니다."

대통령의 마지막 메시지는 역설적으로 가장 희망찬 것이었다. 젊은 세대의 민주주의에 대한 자각과 열정에서 그는 미래의 희망을 보았다.

역사 앞에 선 순간

"대한민국의 헌법과 법 체계를 수호해야 하는 대통령으로서 이렇게 불법적이고 무효인 이런 절차에 응하는 것은, 이것을 인정하는 것이 아니라, 불미스러운 유혈 사태를 막기 위한 마음일 뿐입니다."

이는 단순한 체포 수용 선언이 아닌, 헌정 질서 수호를 위한 마지막 항변이자 역사적 증언이었다. 대통령은 자신의 체포가 불법적임을 분명히 하면서도, 더 큰 혼란을 막기 위해 이를 감내하기로 했다.

역사가 기억할 순간

마지막 메시지들을 통해 대통령은 자신의 정치적 신념과 국가관, 그리고 민주주의에 대한 확고한 신념을 재확인했다. 이는 단순한 정치적 발언을 넘어, 한 시대의 중요한 역사적 증언이자 미래 세대를 위한 메시지로 남게 되었다.

윤석열 대통령 체포 과정과 '솔로몬의 재판'의 비유

1. 민주당의 강경한 체포 요구와 윤석열 대통령의 대응

민주당의 강경한 체포 요구

- 더불어민주당은 윤석열 대통령에 대한 구속 필요성을 강하게 주장하며, "총을 맞고서라도 체포하라"는 발언까지 나오며 강경 대응을 요구함.

- 이는 사법 절차를 넘어 정치적 압박을 동반한 체포 요구로 평가 되었으며, 공권력이 물리적 충돌로 이어질 가능성도 제기됨.

윤석열 대통령의 대응

- 윤 대통령은 불미스러운 유혈 사태를 방지하기 위해 직접 걸어 서 체포에 응했음.

- 이는 국가의 혼란을 막기 위한 결단이었으며, 법적·정치적 논 란을 최소화하고 국민적 갈등을 피하려는 조치로 해석됨.

2. 솔로몬의 재판과의 연결

□ 성경 속 솔로몬의 재판 이야기

- 두 여인이 한 아기를 두고 친모라고 주장하며 솔로몬 왕에게 재판을 요청함.

- 솔로몬은 아이를 반으로 나누어 나눠 가지게 하겠다고 판결을 내리자,

- 진짜 어머니는 아이가 죽는 것을 막기 위해 양보하며, 거짓 어머니는 오히려 아이를 나누자고 주장함.

- 솔로몬은 아이의 생명을 포기한 여인이 진짜 어머니가 아니라는 것을 간파하고, 아이를 진짜 어머니에게 돌려줌.

□ 윤석열 대통령의 대응과 솔로몬 재판의 공통점

- 솔로몬 재판에서 진짜 어머니는 아이를 살리기 위해 자신의 권리를 포기한 것처럼, 윤 대통령 역시 국가 혼란과 유혈 사태를 방지하기 위해 스스로 체포에 응함.

- 반면, 민주당은 강경한 물리적 체포를 주장하며 충돌 가능성을 높였고, 이는 마치 솔로몬 재판에서 거짓 어머니가 아이를 둘로 나누자는 태도를 보인 것과 유사함.

- 윤 대통령은 자신의 개인적 정치적 유불리를 떠나, 국가와 국민을 위한 길을 택했다는 점에서 솔로몬 재판에서 아이를 포기한 어머니의 태도와 닮아 있음.

3. 역사적 의미와 평가

정치적 갈등 속에서 지도자의 결단

- 윤 대통령의 행동은 단순한 체포 응답이 아니라, 정치적 갈등이

극단적으로 치닫는 것을 막고자 한 결단이었음.

- 이는 민주주의 체제에서 권력 다툼이 폭력으로 번지는 것을 막기 위해 지도자가 감수해야 할 희생이었음.

사법과 정치의 경계

- 솔로몬의 재판이 단순한 법적 판단이 아니라 인간적 통찰을 바탕으로 이루어진 것처럼, 사법적 판단도 법적 절차만큼이나 정치적 · 윤리적 균형이 필요함.
- 윤 대통령의 체포 과정은 단순한 법적 절차를 넘어, 대한민국의 법치와 민주주의 질서 유지라는 큰 그림 속에서 해석되어야 함

□ 결론

- 윤석열 대통령의 체포 과정은 단순한 법 집행이 아니라, 국가 혼란을 막기 위한 지도자의 결단이었다는 점에서 솔로몬의 재판과 닮아 있다.
- 민주당의 강경한 체포 요구는 정치적 긴장을 극대화하는 방식이었고, 윤 대통령의 대응은 국가를 위한 희생적 결단으로 평가될 수 있다.
- 이는 사법과 정치의 경계를 넘어, 공정성과 도덕성을 바탕으로 한 판단이 필요한 순간임을 보여준다.

메시지가 남긴 역사적 울림

●

관저에 남기고 간 5장의 손편지
(2025년 1월 15일)

국민께 드리는 글

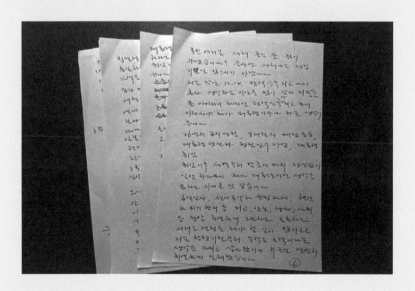

국민 여러분, 새해 좋은 꿈 많이 꾸셨습니까?
을사년 새해에는 정말 기쁜 일 많으시길 바랍니다.

저는 작년 12월 14일 탄핵소추 되고 나서 혼자 생각하는 시간을 많이 갖게 됐습니다.

좀 아이러니하지만, 탄핵소추가 되고 보니 이제서야 제가 대통령이구나 하는 생각이 듭니다.

26년의 공직생활, 8개월의 대선 운동, 대통령 당선과 정권 인수 작업, 대통령 취임...

취임 이후 새벽부터 밤 늦게까지 정신없이 일만 하다 보니, 제가 대통령이라는 생각을 못하고 지내온 것 같습니다.

공직 인사, 선거 공약과 국정과제, 현안과 위기 관리 등, 외교, 안보, 경제, 사회 문제를 정말 치열하게 고민하고 토론하고 어려운 결정을 해야 하는 일이 많았습니다.

저는 학창시절부터 능력은 노력이라는 생각을 가지고 살아왔기에, 무조건 열심히 치열하게 일해왔습니다. 대통령답게 권위도 갖고 휴식도 취하고 하라고 조언하는 분도 많이 계셨지만, 취임 이후 나라 안팎의 사정이 녹록치 않았습니다.

글로벌 안보 및 공급망 위기, 고물가, 고금리, 고환율의 외생적 경제 위기가 닥쳐왔습니다.

지난 정부의 포퓰리즘 정책에 따른 국가채무의 폭발적 증가, 부동산 정책 실패에 따른 영끌가계대출 문제, 소주성 정책에 의한 최저임금 인상 등으로 자영업자와 소상공인, 중소기업의경영 악화와 대출

금 문제 등은 경제위기를 극복해 나가는 데 어려움을 더하였습니다.

하지만, 국민 여러분께서 어려운 여건에도 저와 정부를 믿고 따라 주신 덕분에, 차근차근 현안과 위기를 풀어갈 수 있었습니다.
징벌적 과세 정책을 폐기하고 시장 원리에 충실하게 부동산 정책을 펴 온 결과, 주택 가격을 안정적으로 관리하고 글로벌 중추국가 외교와 경제를 연결하여 해외시장을 개척하고 수출에 노력한 결과, 지난해 역대 최대 수출 실적을 달성하고 우리보다 인구가 2.5배 많은 일본을 거의 따라갔습니다.

1인당 GDP는 지난해 일본을 추월했고요. 한미동맹의 핵 기반 업그레이드와 포괄적 전략동맹 강화, 그리고 한일관계 정상화를 통한 한미일 3국 협력체계는, 우리 경제의 대외신인도를 든든하게 뒷받침해 주었습니다.

요새는 안보와 경제, 그리고 사회개혁을 위해 이리 뛰고 저리 뛴 지난 2년 반의 시간이 파노라마처럼 스쳐갑니다. 좀 더 현명하게 더 경청하면서 잘 했어야 했는데 하는 후회도 많이 듭니다.

지난 대선 기간, 그리고 취임 후 2년 반의 시간을 돌이켜 보면, 부족한 저를 믿고 응원해주신 국민 한 분 한 분의 얼굴이 떠오르고, 지친 몸을 끌고 새벽일을 시작하시는 분들,

추운 아침 미래를 준비하기 위해 책가방을 둘러메고 나가는 학생들, 어려운 여건에서 아프고 불편한 몸으로 고생하시는 분들 생각이 많이 납니다. 찾아 뵙고 도움을 드리지 못해 안타까운 마음입니다.

부지런히 돌아다니고 일하다가 이렇게 직무정지 상태에서 비로소 "내가 대통령이구나"라는 생각을 하게 되는 것은, 이러한 안타까움 때문이 아닌가 싶습니다.

이번 직무정지가 저의 공직생활에서 네 번째 직무정지입니다. 검사로서 한 차례, 검찰총장으로서 두 차례, 모두 세 차례의 직무정지를 받았습니다.

제 주변 사람들은 제게 적당히 타협하고 조금 쉬운 길을 찾지 않는다고, 어리석다고 합니다. 어리석은 선택으로 직무정지를 받다 보면 가까운 사람들이 등을 돌리고 외로움을 느낄 때도 있지만, 시간이 지나면 오해도 풀리고 많은 분들의 응원과 격려가 힘이 되었습니다.

늘 저의 어리석은 결단은 저의 변함없는 자유민주주와 법치주의에 대한 신념이었습니다.
자유민주주의 아닌 민주주의는 가짜 민주주의이고, 민주주의의 이름을 빌린 독재와 전체주의입니다.
민주주의는 개인의 자유를 지켜주기 위한 제도이고, 자유민주주의는 법치주의를 통해 실현되는 것입니다.

또, 우리 공동체 모든 사람들의 자유가 공존하는 방식이 바로 법치입니다.

법치는 자유를 존중하는 합리적인 법과 공정한 사법관에 의해 실현됩니다.

법치주의는 자유민주주의의 핵심 요소입니다.

자유민주주의는 경제에 있어 자유시장경제 원리와 결합하여 자율과 창의를 통해 우리의 번영을 이루어 내고, 풍부한 복지와 연대의 재원을 만들어내며 번영의 선순환을 만들어냅니다.우리나라는 부존자원이 없지만 훌륭한 인적자원을 가지고 있고 개방적이고 활발한 국제교역을 통해 발전해왔습니다.

오늘날 세계는 안보, 경제, 원자재 공급망 등에서, 모든 나라들이 서로 복잡한 관계를 맺고 있습니다. 우리의 번영을 지속하고 미래세대에 이어주려면, 자유와 법치의 가치를 공유하는 국가들과의 연대가 특히 중요합니다.

물론 우리에게 적대적인 공격을 하지 않는 국가는, 체제와 가치가 다르더라도 상호존중과 공동이익의 추구라는 현실적인 측면에서 협력해야 합니다. 하지만 체제와 지향하는 가치가 우리와 다르고, 우리에게 적대적인 영향력 공세를 하는 국가라면, 늘 경계하면서 우리의 주권을 지키고 훼손당하지 않도록 해야 합니다.

외부의 주권 침탈 세력의 적대적 영향력 공작을 늘 경계해야 하는 것입니다.

그렇게 해야 그런 세력의 영향력을 차단하고 우리를 만만히 보지 않도록 하면서 상호존중과 공동 이익을 실현할 수 있는 것입니다. 우리가 경계하고 조심해야 공동 번영과 평화를 누릴 수 있는 것입니다.

제2차 세계대전 이후 UN이 설립되고 어떤 사유이든 분쟁을 군사 공격과 전쟁으로 해결하는 것은 국제법상 금지되고, 방어 목적 이외 전쟁은 금지되었습니다.

총칼로써 피를 흘리는 군사공격과 전쟁 도발은 국제법상 금지되었으므로, 강대국이라 하더라도 외교상 큰 부담으로 작용하게 되어, 총칼을 쓰지 않는 회색지대 전술이 널리 사용되게 된 것입니다.

허위선동의 심리전, 정치인 매수와 선거 개입 등의 정치전, 디지털 시스템을 공격하는 사이버전, 군사적 시위와 위협을 보태어 시현하는 하이브리드 전술이 널리 쓰이게 된 것입니다.

국가기밀정보와 핵심 산업기술 정보의 탈취와 같은 정보전도 하이브리드 전에 포함됩니다.그래서 현대적 신흥 안보는 군사 정치 안보를 넘어서, 경제 안보, 보건 환경 안보, 에너지 식량 안보, 첨단 기술 안보, 사이버 안보, 재난 안보 등 매우 포괄적이고 다양합니다. 군사 정치 안보는 정보 보호, 보안과 각종 영향력 공작 차단을 포함합니다.

군사도발과 전쟁은 상대국의 주권을 침탈하는 정치 행위인데, 국제법이 금지하는 군사도발과 전쟁을 하지 않고 공격과 책임 주체도 뚜렷이 드러나지 않는 다양한 회색지대 하이브리드 전을 주권 침탈의 수단으로 사용하는 것입니다.

특히, 권위주의 독재 국가, 전체주의 국가는 체제 유지를 위해 주변국을 비롯한 많은 국가들을 속국 내지 영향권 하에 두려고 하고 있습니다.

국내 정치세력 가운데 외부의 주권 침탈 세력과 손을 잡으면 이들의 영향력 공작의 도움을 받아 정치권력을 획득하는 데 유리합니다.

그러나 공짜는 없습니다.

우리의 핵심 국익을 내줘야 합니다.

국가기밀 정보, 산업기술 정보 뿐 아니라 원전과 같은 에너지 안보와 산업 경쟁력 등을 내주고, 나아가 자유의 가치를 공유하는 국가들과의 연대를 붕괴시키고, 스스로 외교 고립화를 자초합니다.

국익에 명백히 반하는 반국가행위를 하는 것입니다.

이런 세력이 집권 여당으로 있을 때 뿐만 아니라, 국회 의석을 대거 점유한 거대 야당이 되는 경우에도 국익에 반하는 반국가행위는 계속됩니다.

막강한 국회 권력과 국회 독재로 입법과 예산 봉쇄를 통해 집권 여당의 국정 운영을 철저히 틀어막고 국정 마비를 시킵니다.

여야 간의 정치적 의견 차이나 견제와 균형 차원을 넘어서, 반국가적인 국익 포기 강요와 국정 마비, 헌정질서 붕괴를 밀어붙입니다. 이건 남의 나라 이야기가 아닙니다. 바로 대한민국의 현실입니다.

어떤 정치세력이라도 유권자의 눈치를 보게 되어 있어, 무도한 패악을 계속하기 어렵지만 선거 조작으로 언제든 국회 의석을 계획한 대로 차지할 수 있다든가 행정권을 접수할 수 있다고 자신한다면 못할 일이 뭐가 있겠습니까?
우리나라 선거에서 부정선거의 증거는 너무나 많습니다.
이를 가능하게 하는 선관위의 엉터리 시스템도 다 드러났습니다.

특정인을 지목해서 부정선거를 처벌할 증거가 부족하다 하여, 부정선거를 음모론으로 일축할 수 없습니다.
칼에 찔려 사망한 시신이 다수 발견됐는데, 살인범을 특정하지 못했다 하여 살인사건이 없었고 정상적인 자연사라고 우길 수 없는 것입니다.

정상적인 법치국가라면 수사기관에 적극 수사 의뢰하고 모두 협력하여 범인을 찾아야 하는 것입니다. 선거 소송의 투표함 검표에서 엄청난 가짜 투표지가 발견되었고, 선관위의 전산시스템이 해킹과 조작에 무방비이고, 정상적인 국가기관 전산 시스템의 기준에 현격히 미달한데도, 이를 시정하려는 어떠한 노력도 하지 않을 뿐 아니라, 발표된 투표자 수와 실제 투표자 수의 일치 여부에 대한 검증과 확인을 거부한다면, 총체적인 부정선거 시스템이 가동된 것입니다. 이는 국민의 주권을 도둑질하는 행위이고 자유민주주의를 붕괴시키는 행위입니다. 자유민주주의와 법치주의를 지향하는 정상적인 국가라면, 선거소송에서 이를 발견한 대법관과 선관위가 수사 의뢰하고 수사에 적극 협력하여 이런 불법 선거 행위가 일어났는지 철저히 확인해야 하는 것입니다. 그럼에도 이를 은폐하였습니다.

살해당한 시신은 많이 발견됐는데, 피해자 가족에게 누가 범인인지 입증 자료를 찾아 고소하여 처벌이 확정되지 않는 한 살인사건을 운운하는 것을 음모론이라고 공격한다면 이게 국가입니까?

디지털 시스템과 가짜 투표지 투입 등으로 이루어지는 부정선거 시스템은 한 국가의 경험 없는 정치세력이 혼자 독자적으로 시도하고 추진할 수 있는 일이 아닙니다.

잘못하다가 적발되면 정치세력이 붕괴될 수 있습니다. 혼자서는 엄두도 내기 어려운 일입니다. 기껏해야 금품 살포, 이권 거래, 여론 조작 등일 것입니다.

하지만 투개표 부정과 여론조사 조작을 연결시키는 부정선거 시스템은, 이를 시도하고 추진하려는 정치세력의 국제적 연대와 협력이 필요함을 보여줍니다.
투개표 부정선거 시스템은 특정 정치세력이 장악한 여론조사 시스템과, 선관위의 확인 거부 및 은폐로 구성되는 것입니다.

살인범을 특정하지 못해서, 살인사건을 음모론이라고 우기는 여론 조성 역시, 투개표 부정선거 시스템의 한 축을 구성합니다.

국민 여러분께서 아시는 바와 같이, 이게 우리나라 현실이라면 지금 이 상황이 위기입니까? 정상입니까? 이 상황이 전시, 사변에 준하는 국가비상사태 입니까? 아닙니까?

전시와 사변은 우리 국토 공간 위에서 벌어지는 물리적인 상황, 즉 하드웨어의 위기 상황이라면, 지금 우리의 현실은 우리나라의 운영 시스템과 소프트웨어의 위기 상황인 것입니다. 헌법 66조는 대통령은 국가원수로서 국가를 대표하며 국가의 독립, 영토의 보전, 국가의 계속성과 헌법을 수호할 책무를 진다고 되어 있습니다.
쉽게 말하면, 대통령에게 대한민국의 하드웨어를 지키고 운영체계와 소프트웨어를 수호하라는 책무를 부여한 것입니다.

거대 야당이 국회 독재를 통해 입법과 예산을 봉쇄하여 국정을 마비시키고, 위헌적인 법률과 국익에 반하는 비정상적인 법률을 남발하여 정부에 대한 불만과 국론 분열을 조장하고, 수십차례의 줄 탄핵으로 잘못 없는 고위공직자들의 직무를 정지시키고, 심지어는 자신들의 비리를 수사하고 감사하는 검사와 감사원장까지 탄핵하고, 자신들의 비리를 덮는 방탄 입법을 마구잡이로 추진하는 상황은, 대한민국 운영체계의 망국적 위기로서 대통령은 이 운영체계를 지켜낼 책무가 있습니다.

저는 헌법기관인 감사원장까지 탄핵하여 같은 헌법기관인 헌법재판소의 법정에 세우려는 것을 보고, 헌법 수호 책무를 이행하기 위한 비상조치가 필요하다고 생각하였습니다.

거대 야당의 일련의 행위가 전시, 사변에 준하는 국가비상사태라고 판단하고, 대통령에게 독점적 배타적으로 부여된 비상계엄 권한을 행사하기로 한 것입니다.

계엄은 과거에는 전쟁을 대비하기 위한 것에 국한되는 것이었지만, 우리 헌법은 이에 준하는 국가비상사태' 라고 규정하여, 전쟁 이외의 다양한 국가위기 상황을 계엄령 발동 상황으로 예상하고 있습니다.

국가위기 상황에서 자유민주국가의 대통령이 가장 먼저 해야 할 일은, 주권자인 국민들에게 국가위기 상황을 알리고, 이를 극복하기 위해 힘쓰자는 호소를 하는 것입니다

국가위기 상황을 군과 독재적 행정력 만으로 돌파할 것이 아니라, 주권자인 국민과 상황을 공유하고 국민의 협조를 받아 돌파해야 하는 것입니다.

계엄이라는 말이 상황의 엄중함을 알리고 경계한다는 뜻이 아니겠습니까?

저는 우리나라의 자유민주주의와 국민 주권이 위기 상황임을 잘 인식하지 못하고 계신 국민들께, 상황의 위급함을 알리고 주권자인 국민들이 눈을 부릅뜨고 국회 독재의 망국적 패악을 감시, 비판하게 함으로써, 자유민주주의와 헌법질서를 지키려 하였습니다.

그래서 국방부장관에게, 국회 독재를 알리고 질서 유지를 하기 위해,

그리고 부정선거 가동 시스템을 국민들께 제대로 알리고 진상을 파악하기 위해, 필요 최소한의 병력 투입을 지시하였고 국회 280명, 선관위에 290명의 병력이 투입된 것입니다.

국회에 투입된 280명의 병력은 국회 마당에 대기해 있다가, 그리고 선관위에 투입된 병력은 수십명의 디지털 요원만 내부 시스템에 접근하고 나머지는 외부에 대기해 있다가, 계엄 선포 2시간 30분 만에 국회의 계엄 해제 요구 의결이 있자 즉각 철수하였고, 아무런 사상자나 피해 없이 평화롭게 마무리되었습니다.

국민 여러분, 계엄은 범죄가 아닙니다.
계엄은 국가위기를 극복하기 위한 대통령의 권한 행사입니다.
그렇기 때문에 대통령의 권한 행사를 보좌하기 위해, 합동참모본부에 계엄과가 있는 것입니다.

'계엄=내란' 이라는 내란몰이 프레임 공세로 저도 탄핵소추 되었고, 이를 준비하고 실행한 국방부장관과 군 관계자들이 지금 구속되어 있습니다.
참으로 어이없는 일입니다.
병력 투입 시간이 불과 2시간인데, 2시간짜리 내란이 있습니까?
방송으로 전 세계, 전 국민에게 시작한다고 알리고, 3시간도 못 되어 국회가 그만두라고 한다고 병력 철수하고 그만두는 내란 봤습니까?
합참 계엄과 계엄 매뉴얼에 의하면, 전국 비상계엄은 최소 6~7개 사단 병력 이상, 수만 명의 병력 사용이 전제되어 있습니다.

국방부장관은 합참에서 작전부장과 작전본부장을 지낸 사람으로 이런 걸 모를 리 없습니다.계엄의 형식을 빌린 대국민 호소이기 때문에, 소규모 병력을 계획한 것입니다.

국회의원과 국회 직원 등은 신분증 확인을 거쳐 국회 출입이 이루어졌으므로, 계엄해제요구 결의안 심의가 신속하게 진행되었고, 본관과 마당에는 수천 명의 사람들이 오히려 280명의 군을 에워싸고 있었습니다.

병력 철수 지시에 따라 군은 마당에 있던 시민들에게 공손히 인사하고 철수했습니다.

국회를 문 닫으려 한 것입니까? 아니면 폭동을 계획하길 했습니까?

최근 야당의 탄핵소추 관계자들이 헌법재판소에서 소추 사항 중 내란죄를 철회하였습니다.내란죄가 도저히 성립될 수 없으니, 당연한 조치를 한 것입니다.

그런데 내란 몰이로 탄핵소추를 해놓고, 재판에 가서 내란을 뺀다면, 사기 탄핵, 사기소추 아닙니까?

탄핵소추 이후의 상황을 보아도 그 오랜 세월 민주화 운동을 했다고 자부하는 정치인들이 맞나 싶습니다.

하지만 최근 많은 국민들과 청년들이 우리나라의 위기 상황을 인식하고 주권자로서 권리와 책임의식을 가지게 된 것을 보고 있으면, 국민들께 국가위기 상황을 알리고 호소하길 잘했다고 생각되고, 국민들께 깊은 감사를 느끼게 됩니다.

저는 대통령에 출마할 때부터, 우리나라의 대통령이라는 자리가 영광의 길이 아니라 형극의 길이라는 사실을 잘 알고 있었습니다.

하지만, 이 나라의 자유민주주의를 반듯하게 세우고, 자유와 법치를 외면하는 전체주의적 이권 카르텔 세력과 싸워 국민들에게 주권을 찾아드리겠다고 약속한 만큼, 저 개인은 어떻게 되더라도 아무런 후회가 없습니다.

제가 독재를 하고 집권 연장을 위해 이런 식으로 계엄을 했겠습니까? 그런 소규모 미니 병력으로 초단시간 계엄을 말입니다.

사법적 판단이 어떻게 될지는 제가 알 수 없는 일이지만, 국민 여러분께서는 이 계엄이 헌법을 수호하고 국가를 살리기 위한 것인지 아닌지 잘 아실 것으로 저는 믿습니다.

과거에는 대통령의 독재에 국회의원들이 저항하고 민주화 투쟁을 했다면, 세계 어느 나라 헌정사에서도 유례가 없는 막가파식 국회 독재의 패악에 대해, 헌법 수호 책무를 부여받은 대통령으로서 당연히 저항하고 싸워야 하는 것입니다.

국가 기능을 정상화시키고, 자유민주주의를 지키기 위해서 입니다.

수사권 없는 기관에 체포영장이 발부되고 정상적인 관할이 아닌 법관 쇼핑에 의해서 나아가 법률에 의한 압수·수색 제한을 법관이 임의로 해제하는 위법·무효의 영장이 발부되고, 그걸 집행한다고 수

천 명의 기동경찰을 동원하고, 1급 군사시설보호구역을 무단 침입하여 대통령 경호관을 영장 집행 방해로 현행범 체포하겠다고 나서는 작금의 사법 현실을 보면서, 제가 26년 동안 경험한 법조계가 이런 건지 어처구니가 없습니다.

자유민주주의를 경시하는 사람들이 권력의 칼자루를 쥐면 어떤 짓을 하는지, 우리나라가 지금 심각한 망국의 위기 상황이라는 제 판단이 틀리지 않았다는 씁쓸한 확신이 들게 됩니다.

자유민주주의와 법치는 동전의 양면입니다.

자유민주주의를 실현하는 법치는 형식적 법치, 꼼수 부리는 법치가 아닙니다.

이런 법치는 인민민주주의 독재, 전체주의 국가에서 자유를 억압하기 위해 악용되는 법치입니다.

법은 자유민주주의 헌법정신을 실현하기 위해 만들어져야 하고, 일단 만들어진 법은 다수결의 지배가 아니라, 소수자 보호와 개인 권익 보호에 철저를 기해야 하는 것입니다.

우리나라 좌파 운동권도 자신들이 주류가 아닐 때는 이러한 법치주의의 보호에 기대왔지만, 국회 절대 다수 의석을 차지한 다음에는 실질적 법치보다 다수결의 민주가 우선하며, 법치국가적 통제보다 민주적 통제를 앞세우고 있습니다.

저는 검찰총장 시절 민주당 정권의 이런 무법적 패악을 제대로 겪었습니다.

이렇게 되면 법률가, 법조인은 정치권력의 하수인으로 전락하는 것입니다.

하지만 국민 여러분, 힘내십시오.

주권자인 국민 여러분께서 확고한 권리와 책임의식을 가지고 이를 지키려고 노력한다면, 이 나라의 미래는 밝고 희망적입니다.

국민 여러분, 감사합니다.

옥중편지 (20250117)

국민 여러분, 안녕하십니까?

조금 불편하기는 하지만
저는 구치소에서 잘 있습니다.

대통령 취임사부터,
3.1절, 광복절 기념사, 대국민 담화 등
그동안 국민들께 드렸던 말씀들을
다시 읽으며 마음을 가다듬고
지나온 국정을 되돌아보고 있습니다.

많은 국민들께서 추운 거리로 나와
나라를 위해
힘을 모아주고 계시다고 들었습니다.

국민 여러분의 뜨거운 애국심에
감사드립니다.

- 서부지법에서 일어난 안타까운 사태에 대한 윤대통령
  변호인단이 공개한 입장 전문

대통령은 이번 비상계엄 선포가 국가비상사태에 준하는 국정 혼란 상황에서 오로지 대한민국의 헌정질서 붕괴를 막고 국가기능을 정상화하기 위한 것이었음에도 이러한 정당한 목적이 제대로 전달되지 못하고 있음에 안타까움을 표하셨습니다.

또한, 대통령은 오늘 새벽 서부지법에서 발생했던 상황을 전해 듣고 크게 놀라며 안타까워하셨습니다. 특히, 청년들이 다수 포함되어 있다는 소식에 가슴아파 하시며 물리적인 방법으로 해결하려는 것은 국가적으로는 물론, 개인에게도 큰 상처가 될 수 있다고 우려하셨습니다.

대통령은 새벽까지 자리를 지킨 많은 국민들의 억울하고 분노하는 심정은 충분히 이해하나 평화적인 방법으로 의사를 표현해 줄 것을 당부하셨고, 경찰도 강경 대응보다 관용적 자세로 원만하게 사태를 풀어나가기를 바란다는 뜻을 밝히셨습니다.

대통령은 사법 절차에서 최선을 다해 비상계엄 선포의 목적과 정당성을 밝힐 것이며, 시간이 걸리더라도 포기하지 않고 잘못된 것들을 바로잡겠다고 말씀하셨습니다.

설 명절이 다가왔습니다.

을사년 새해는 작년보다 나은 한 해가 되시길 바랍니다.

설날이 다가오니 국민 여러분 생각이 많이 납니다.

여러분 곁을 지키며 살피고 도와드려야 하는데,

그러지 못해 안타깝고 죄송합니다.

아무쪼록 주변의 어려운 분들함께 챙기시면서,

모두가 따뜻하고 행복한 명절보내시길 기원합니다.

시대를 관통한 네 가지 화두

대통령이 남긴 일련의 메시지들은 크게 네 가지 핵심 주제를 관통하고 있었다. 이는 단순한 정치적 수사를 넘어, 그 시대가 직면한 근본적 질문들이었다.

민주주의의 본질

"자유민주주의의 기반이 되어야 할 국회가 오히려 자유민주주의 체제를 붕괴시키는 괴물이 된 것입니다."

이 역설적 상황에 대한 지적은, 형식적 민주주의와 실질적 민주주의의 괴리를 날카롭게 포착한 것이었다. 다수결의 원칙이 때로는 민주주의를 위협할 수 있다는 경고는, 현대 민주주의의 근본적 딜레마를 드러냈다.

법치주의의 위기

"이는 단순히 개인의 문제가 아니라, 사법부의 독립성과 법치주의의 근간을 심각하게 흔드는 행위입니다."

사법 체계의 붕괴 위험성을 지적한 이 발언은, 법치주의가 얼마나 취약한 것인지를 일깨웠다. 특히 법의 도구화와 정치화에 대한 경고는, 현대 민주주의의 근간을 이루는 법치주의의 중요성을 재확인시켰다.

국가 운영의 책임

"국민의 삶은 안중에도 없고 오로지 탄핵과 특검, 야당 대표의 방탄으로 국정이 마비 상태에 있습니다."

정쟁에 매몰된 정치 현실에 대한 이 비판은, 국가 운영의 본질이 무엇인지를 되묻는 것이었다. 국민의 삶과 유리된 정치에 대한 성찰을 요구하는 메시지였다.

미래 세대에 대한 책임

"이 나라의 미래는 희망적이라는 생각을 갖게 됐습니다."

체포를 앞둔 순간까지도 미래에 대한 희망을 잃지 않았던 대통령의 마지막 메시지는, 현재의 고난이 미래를 위한 밑거름이 될 수 있다는 역사적 통찰을 담고 있었다.

역사적 증언으로서의 가치

기록의 중요성

대통령의 연속된 메시지들은 그 시대의 가장 신뢰할 만한 일차 사료로서의 가치를 지닌다. 특히 위기의 순간마다 남긴 상세한 설명과 맥락은, 후대의 역사가들에게 귀중한 연구 자료가 될 것이다.

시대정신의 포착

각각의 메시지는 단순한 현상 설명을 넘어, 그 시대가 직면한 근본적 문제들을 예리하게 포착했다. 민주주의의 위기, 법치주의의 붕괴 위험, 정치의 퇴행 등 시대적 과제들이 선명하게 드러났다.

미완의 과제들

남겨진 질문들

대통령의 메시지들은 동시에 많은 질문을 남겼다. 어떻게 하면 민주주의와 법치주의를 더욱 견고하게 만들 수 있을까? 정치는 어떻게 국민의 삶에 더 가까이 다가갈 수 있을까? 이러한 질문들은 여전히 우리 시대의 과제로 남아있다.

역사의 교훈

"저는 법적, 정치적 책임을 회피하지 않겠습니다."

이 마지막 선언은, 책임지는 정치의 표상으로 기록될 것이다. 동시에 이는 미래 세대의 지도자들에게 중요한 이정표가 될 것이다.

새로운 시작을 향하여

대통령의 메시지들은, 그가 가장 높은 곳에서 가장 낮은 곳으로 스스로 걸어 내려오며 한 말이다. 그래서 더 강렬하게 국민의 귀에 꽂혔는지 모른다. 그는 가장 높은 곳에 있었기 때문에 가장 멀리 보고 나라의 현실을 가장 깊게 이해했다. 계엄선포는 우리 모두에게 경종을 울리는 사건이었다. 아직 탄핵심판은 끝나지 않았지만, 대통령이 던진 화두는 우리 모두의 가슴 속에서 새로운 시작으로 움터나고 있다. 헌법 정신과 법치주의로 각성하여 자유민주주의를 제대로 이해하고 수호해 나가는 새로운 시민으로서의 출발점으로.

무죄추정의 원칙 및 적용 불균형 사례

1. 무죄추정의 원칙 개요

헌법적 원칙

- 대한민국 헌법 제27조 제4항 : "형사피고인은 유죄의 판결이 확정될 때까지는 무죄로 추정된다."

- 형사소송법 제275조의2 : "형사피의자는 법원의 유죄판결이 확정될 때까지는 무죄로 추정된다."

국제적 기준

- 무죄추정 원칙은 유엔 「세계인권선언」 제11조와 국제형사재판소(ICC)의 기본 원칙으로 명시됨.

- 이는 피고인의 방어권을 보호하고, 사법기관이 독립적으로 판단할 수 있도록 하는 핵심 법 원칙임.

2. 무죄추정 원칙의 적용 불균형 사례

윤석열 대통령과 이재명 대표에 대한 상반된 적용

이재명 더불어민주당 대표

- 검찰이 횡령·배임 등 혐의로 구속영장을 청구했으나, 법원은 "제1야당 대표로서 공적 감시와 비판의 대상이며 방어권 보장이 중요하다"는 이유로 기각.

- 사법 리스크에도 불구하고 불구속 상태에서 재판을 받도록 결정됨.

윤석열 대통령

- 대통령의 탄핵심판 과정에서 수사기관이 구속영장을 청구하며 유죄 추정의 태도를 보였다는 지적이 제기됨.

- 특히, 구속 필요성을 강조하며 법적 원칙보다는 정치적 판단이 개입되었다는 논란이 있음.

법조계 및 정치권 반응

- 무죄추정의 원칙이 특정 정치인에게는 적용되고, 또 다른 정치인에게는 예외적으로 적용되지 않는 것은 사법 정의의 원칙에 반한다는 의견이 나옴.

- 형평성 있는 법 적용이 이루어지지 않으면 법적 신뢰가 손상될 우려가 있음.

3. 무죄추정 원칙의 중요성 및 개선 필요성

사법 체계의 신뢰 유지

- 법 적용의 일관성을 확보해야 국민이 사법부를 신뢰할 수 있음.
- 정치적 이해관계에 따라 법 해석이 달라지는 것은 민주주의 원칙에 위배됨.

법적 원칙의 균형 잡힌 적용 필요성

- 사법기관이 정치적 외압 없이 독립적으로 판단해야 하며, 법적 원칙이 모든 피고인에게 공정하게 적용되어야 함.
- 무죄추정의 원칙은 법적 원칙일 뿐만 아니라, 국민의 기본권 보호를 위한 최소한의 안전장치임.

□ 결론

무죄추정의 원칙은 형사사법 체계의 핵심 원칙으로, 특정 사건과 인물에 따라 차별적으로 적용되어서는 안 된다는 점이 강조되고 있다.

윤석열 대통령과 이재명 대표 사례를 통해 사법적 형평성이 중요하며, 일관된 법 적용이 필요하다는 점이 부각되고 있다.

향후 법 해석 및 적용 과정에서 객관적 기준을 확립하고, 무죄추정 원칙이 정치적 영향을 받지 않도록 해야 한다는 논의가 지속될 것으로 예상된다.

제 4 장

고독한 결단, 십자가를 짊어지다

프롤로그 ─ 운명의 순간

2024년 12월의 마지막 며칠, 대통령 관저의 불빛은 매일 밤늦게까지 꺼지지 않았다. 한 국가의 수장이자 한 인간으로서 윤석열 대통령은 자신의 정치 생애에서 가장 중대한 결단의 순간을 맞이하고 있었다. 창밖으로는 차가운 겨울바람이 불어왔고, 서울의 밤하늘은 무겁게 내려앉아 있었다. 그는 국민을 위한 선택이 무엇인지 고뇌하고 있었다.

결단의 무게

고독한 밤들

"이번 계엄을 준비하면서 국방장관과만 논의하였습니다."

이 말은 국가의 중대한 결정을 내리는 지도자가 감내해야 했던 고독을 보여준다. 정보 유출을 막기 위해 극소수와 논의해야 했던 상황은 불가피했지만, 그로 인해 지도자가 홀로 책임을 짊어질 수밖에 없었다.

양심과 책임 사이

"피를 토하는 심정으로 국민 여러분께 호소드립니다."

이 표현은 단순한 수사가 아니었다. 민주적 절차를 통해 선출된 대통령으로서 비상계엄이라는 극단적 결정을 내리는 데 따르는 고뇌와 갈등을 담고 있었다. 민주주의자로서의 양심과 국가 수호자로서의 책임 사이에서 치열한 고민을 해야 했다.

역사 앞에 선 인간

불면의 시간들

계엄 선포를 결정하기 전 며칠간 대통령은 헌법과 관련 법령을 끊임없이 검토하며 잠을 이루지 못했을 것이다. 책상 위에는 헌법과 계엄법, 그리고 국가 위기 상황 보고서들이 펼쳐져 있고, 이 결정이 가진 정당성과 불가피성을 재확인하기 위해 거듭 확인하고 확인했을 것이다.

법적, 정치적 책임

"저는 법적, 정치적 책임을 회피하지 않겠습니다."

이 선언은 단순한 정치적 수사가 아닌 역사의 심판대 앞에 선 한 지도자의 결연한 의지를 보여준다. 그는 자신의 선택으로 인해 발생할 모든 결과를 감당할 각오를 분명히 했다.

십자가의 무게

권력의 정점에서

대통령이라는 권력의 최고 자리에 있으면서도 스스로 체포와 구금을 감내하기로 한 결정은 현대 정치사에서 찾아보기 힘든 사례이다. 이는 권력의 정점에서 자발적으로 가장 낮은 곳으로 내려가는 결단이었다. 그의 선택은 단순히 개인의 정치적 행보가 아니라 자유민주주의와 헌정질서를 지키기 위해 모든 것을 걸어야 했던 지도자의 결단이었다.

진정성의 증명

"불미스러운 유혈 사태를 막기 위한 마음일 뿐입니다."

체포를 앞두고 한 이 말은 그의 모든 선택이 개인의 영달이나 정치적 계산이 아닌, 국민과 국가를 위한 결단이었음을 증명한다.

운명의 순간들

마지막 검토

2024년 12월 3일 오후, 대통령 관저에서 최종 검토가 이루어졌다. 헌법과 계엄법, 그리고 수개월간 축적된 국가 위기 상황 보고서들이 켜켜이 쌓여 있었다. 대통령은 이미 결심을 굳혔지만, 마지막 순간까지도 이 결정의 정당성을 재확인하고자 했을 것이다.

전 국민과 전 세계가 지켜보는 결단

"더 이상의 혼란은 없어야 합니다."

2025년 1월 15일, 그는 공수처의 체포 시도에도 불구하고 국민의 안전과 평화를 우선하며 출석에 응했다. 이 결단은 법적 권리나 대통령으로서의 권위보다 국민과 국가를 위하는 데 초점을 맞춘 것이었다. 그의 결단은 단순히 대한민국의 사건으로 끝나지 않고, 세계

각국에서 민주주의와 법치의 위기를 극복하기 위한 상징적 사건으로 평가된다.

자유민주주의의 경종

전 국민, 아니 전 세계가 지켜보는 가운데 가장 낮은 곳으로..

대통령의 선택과 체포는 자유민주주의와 헌정질서의 위기를 지켜내기 위한 지도자의 고독한 선택이었다. 이는 단순히 대한민국의 문제가 아니라 민주주의가 위협받는 시대에 지도자가 해야 할 역할과 책임을 보여주는 사례로 기록될 것이다.

시대를 넘어서

기록될 진실

이 모든 것은 역사의 기록이 될 것..

대통령은 매일 자신의 결정과 그 배경을 기록하며 후세대에게 진정한 민주주의와 리더십의 본질을 남기고자 했다. 그의 기록은 단순한 해명이나 변명이 아닌, 미래 세대를 향한 증언으로 남을 것이다. 그의 체포는 대한민국을 넘어 세계에 민주주의의 가치를 재인식하게 하는 계기가 될 것이다.

남겨진 유산

"이 나라의 미래는 희망적입니다."

체포 직전 남긴 이 말은 그의 모든 행동이 미래 세대를 위한 것임을 보여주는 메시지였다. 그의 결단은 대한민국 정치사에 새로운 이정표로 남았다. 초기의 혼란과 반발은 시간이 흐르면서 깊은 이해와 성찰로 이어졌다. 특히 젊은 세대들 사이에서는 그의 결단에 대한 재평가가 이루어지고 있다.

계몽령 : 비상계엄과 국민계몽의 결합

윤석열 대통령 측은 탄핵심판 과정에서 2024년 말 단행된 비상계엄을 '계몽령'이라는 새로운 개념으로 설명했다. 이는 '계엄령'과 '계몽'이라는 두 개념을 결합한 것으로, 단순한 군사적 조치가 아니라 국민들에게 국가적 위기의 심각성을 인식시키고, 혼란을 방지하기 위한 조치였다는 의미를 담고 있다.

계몽령의 개념 정리

- 계엄령(戒嚴令, Martial Law) 국가 비상사태 시, 군이 치안 및 공공질서를 유지하기 위해 시행하는 특별 조치. 헌법 제 77조에 따라 대통령이 발동할 수 있으며, 국회의 동의를 받으면 효력이 유지된다.

- 계몽 (啓蒙, Enlightenment) 사람들에게 새로운 지식이나 정보를 제공하여 의식 수준을 높이는 행위. 역사적으로 볼 때, 18세기 유럽 계몽주의 운동이 대표적인 사례이다.

대통령 측의 입장에 따르면, 비상계엄은 단순한 군사적 통제가 아니라 국민을 보호하고 혼란을 방지하기 위한 목적이 있었으며, 이를 위해 '계몽적 성격'을 가졌다는 점에서 '계몽령'이라는 표현이 사용되었다.

헌법재판소 변론에서 등장한 '계몽령'

2025년 1월 23일, 헌법재판소 탄핵심판 4차 변론에서 대통령 측 대리인은 "비상계엄은 국민을 보호하고 혼란을 방지하기 위한 불가피한 선택이었으며, 이를 단순한 군사적 통치 수단으로 보면 안 된다"고 강조했다. 또한, "국민들이 가짜뉴스와 정치적 선동에 현혹되지 않도록 올바른 정보를 제공하고, 민주주의 질서를 회복시키기 위한 계몽적 조치"였다고 주장하며, 이를 '계몽령'으로 표현했다.

대통령 측은 계엄령이 군사적 통제에만 머무르는 것이 아니라, 국민들에게 현재 상황을 정확히 알리고 경각심을 불러일으키는 역할을 했다는 점을 강조했다. 이에 따라, 정부의 입장에서는 '계몽령'이라는 개념이 단순한 법적 조치를 넘어, 국가 위기 대응 과정에서 국민과 정부가 함께하는 의미를 포함한다고 설명하고 있다.

시대를 초월한 메시지

깊어지는 의미

"우리는 이제야 진정한 민주주의가 무엇인지 깨닫기 시작했습니다."

한 대학생이 남긴 이 말처럼, 이 사건은 대한민국 민주주의의 가치를 재인식하게 만드는 계기로 평가된다. 그의 결단은 단순히 과거의 기록으로 남지 않고, 미래의 지도자들에게 진정한 리더십이 무엇인지를 보여주는 살아있는 교훈으로 자리잡았다.

민주주의를 위한 희생과 부활

대통령의 고난은 단순히 개인적 희생으로 끝나지 않았다. 그의 체포와 고난은 헌정질서와 자유민주주의의 부활을 향한 전환점이 될 것이다. 고난 속에서 그는 지도자로서의 새로운 비전을 얻었고, 국민에게 단합과 희망의 메시지를 남겼다. 그의 결단은 대한민국과 세계의 자유민주주의를 위한 이정표로 남아 역사 속에서 오랫동안 기억될 것이다.

서문 : 상처 입은 치유자 - 운디드 힐러의 길

역사는 때로 고난을 통해 진정한 지도자를 만들어낸다. 윤석열 대통령의 여정은 마치 전쟁터의 운디드 힐러(Wounded Healer)와 같다. 지금 그는 깊은 상처를 입고 있지만, 바로 그 상처가 그를 더욱 깊이 있는 지도자로 변모시키고 있다.

지금의 고난은 단순한 고통이 아니다. 이는 그의 정치적 삶을 새롭게 재구성하는 연금술과도 같다. 탄핵의 위기, 법적 공방, 그리고 국민들 앞에서의 고립된 순간들이 그를 단련시키고 있다. 마치 철이 불길을 통과하며 더욱 단단해지듯이.

운디드 힐러의 본질은 자신의 상처를 통해 타인을 치유할 수 있는 능력에 있다. 윤석열 대통령이 지금 겪고 있는 시련은 그를 단순한 정치인을 넘어 진정한 국가의 지도자로 성장시키고 있다. 그의 상처는 개인의 아픔을 넘어 국가의 아픈 부분을 들여다보고 치유할 수 있는 통찰력을 만들어내고 있다.

역사는 이미 그를 주목하고 있다. 지금의 고난이 그를 미래 대한민국의 새로운 지도자로 재탄생시킬 것이다. 탄핵의 결과와 상관없이, 그의 용기와 원칙, 그리고 국가에 대한 깊은 사랑은 결국 승리할 것이다.

상처받은 지도자는 더 깊이 있는 치유자가 된다. 윤석열 대통령의 현재 고난은 미래 대한민국을 위한 소중한 밑거름이 될 것이다. 그의 여정은 단순한 정치적 사건을 넘어, 한 시대의 양심이자 희망의 서사가 될 것이다.

시대는 언제나 진정한 지도자를 필요로 한다. 그리고 그 지도자는 종종 가장 큰 고난의 순간에 탄생한다.

1. 순교적 삶이란 무엇인가?

◆ 순교의 본질

- 순교(殉敎, Martyrdom)란 자신의 신념, 정의, 종교적 가치를 위해 박해를 받으며 희생하는 삶을 의미함.

- 단순한 죽음이 아니라 자발적인 희생과 헌신의 결단이 동반됨.

- 대표적 순교자들은 진리를 위해 권력과 맞서거나, 정의를 위해 자신을 희생한 인물들임.

◆ 순교의 주요 유형

- 종교적 순교 : 신앙을 위해 목숨을 바친 사례 (예수, 사도들, 초기 기독교 순교자)

- 철학적·사상적 순교 : 진리를 위해 죽음을 선택한 사례 (소크라테스, 브루노)

- 정치적·사회적 순교 : 민주주의와 정의를 위해 희생한 사례 (킹 목사, 간디, 만델라)

2. 윤석열 대통령의 선택과 순교적 삶의 연결점

① 권력과의 투쟁 속에서 박해받음

- 순교자들은 진리를 지키려다 기득권 세력에 의해 탄압을 받음.

- 윤 대통령 역시 대한민국 정치 구조 내에서 기존 기득권과의 충돌을 겪으며 극심한 탄압을 받음.

- 현직 대통령 신분에서 체포·구속된 사례는 대한민국뿐만 아니라 세계적으로도 유례가 없는 박해의 형태.

② 스스로의 선택으로 가장 높은 자리에서 가장 낮은 곳으로 내려옴

- 기독교에서 예수는 하늘의 왕이면서도 인간을 위해 가장 낮은 자리로 내려옴.

- 윤 대통령 역시 국가의 분열과 혼란을 막기 위해 스스로 걸어서 체포되었으며, 유혈 사태를 피하려는 결단을 내림.

- 이는 솔로몬 재판의 어머니 비유와도 유사함. (진짜 어머니는 아이의 생명을 위해 포기하는 반면, 거짓 어머니는 아이를 나누자는 태도를 보임.)

③ 무죄추정 원칙이 무너진 정치적 탄압 속에서 희생됨

- 소크라테스가 국가의 부패를 비판하다가 억울하게 사형당한 것 처럼,

- 마틴 루터 킹이 인권을 위해 싸우다 살해된 것처럼,

- 윤 대통령도 법적 형평성이 무너진 사법 절차 속에서 희생당하고 있음.

④ 자신을 희생하여 국민과 국가를 보호하려 함

- 예수, 간디, 킹 목사, 만델라는 개인의 안위를 떠나, 공동체를 위해 희생을 감수함.

- 윤 대통령도 국가 혼란과 유혈 사태를 막기 위해 스스로 체포를 선택하며, 개인의 자유보다 국민과 국가를 지키려 함.

- 이는 정의를 위해 스스로를 희생한 순교적 지도자의 특징과 맞닿아 있음.

⑤ 구속 이후에도 흔들리지 않는 신념 유지

- 순교자들은 죽음 앞에서도 자신의 신념을 버리지 않음.

- 소크라테스는 독배를 마시면서도 자신의 철학을 굽히지 않았고,

- 마틴 루터 킹은 암살당하기 전날까지 "나는 산을 넘어서 희망의 땅을 보았다"고 설교함.

- 윤 대통령 역시 구속 이후에도 민주주의와 법치주의 수호에 대한 신념을 굽히지 않음.

3. 동서양 순교자들과의 비교

인물	순교의 이유	윤석열 대통령과의 유사점
예수 그리스도	진리를 선포하다 종교 지도자들에게 박해받아 십자가형	탄압받으며도 법치주의와 국가 수호를 강조함
소크라테스	국가의 부패를 비판하다 독배를 마심	부정부패와 맞서다가 체포됨
마틴 루터 킹	인권과 평등을 주장하다 암살당함	헌법적 가치와 민주주의 수호를 주장함
간디	비폭력 독립운동을 하다 암살당함	유혈 사태를 막기 위해 스스로 체포를 선택함
넬슨 만델라	인종차별 철폐를 위해 27년간 옥중 생활	정치적 탄압 속에서도 신념을 지킴

□ 공통점

◆ 기존 기득권과 맞서다가 탄압을 받음.

◆ 법적 형평성이 무너진 환경에서 부당한 처우를 당함.

◆ 국가와 공동체를 위해 스스로 희생을 감수함.

◆ 구속과 탄압 속에서도 신념을 굽히지 않음.

□ 결론 : 윤석열 대통령의 선택은 순교적 삶의 특징을 보인다

◆ 현직 대통령이 사법적 탄압 속에서 체포된 것은 유례가 없음.

◆ 개인의 이익보다 국가와 국민을 위한 희생을 선택한 것은 순교적 리더십과 유사.

◆ 법적 형평성이 무너진 상황에서도 신념을 유지하는 태도는 과거 순교자들의 모습과 닮아 있음.

제 5 장

법치의 빛과 그림자 —
탄핵정국이 우리에게 던지는 질문들

법치의 성벽은 견고한가

법치국가라는 말은 우리에게 익숙하다. 마치 반석 위에 세워진 성벽처럼 든든해 보이는 이 말 속에는 우리의 희망이 담겨있다. "모든 국민은 법 앞에 평등하다"는 헌법 제11조와 "유죄 판결 전까지는 무죄로 추정된다"는 제27조는 이 성벽의 주춧돌이다.

그러나 현실에서 이 성벽은 종종 흔들린다. 어떤 이에게는 높고 단단한 성벽이, 다른 이에게는 쉽게 무너지는 모래성이 되기도 한다. 법이라는 성벽이 정치라는 파도에 휩쓸릴 때마다 우리는 묻게 된다. 과연 이 성벽은 견고한가?

1. 법치(法治), 국가를 지탱하는 최후의 보루

법치주의(法治主義).

법이 통치하는 나라.

- 왕이 아니라, 법이 다스린다.
- 특정 세력이 아니라, 원칙이 지배한다.
- 감정이 아니라, 합리적 절차가 작동한다.

법치주의는 단순한 개념이 아니다. 그것은 국가가 작동하는 원리
이며, 국민이 법 앞에서 평등함을 보장하는 시스템이다.

법치주의는 곧 자유를 의미한다.법이 지켜지지 않는다면, 권력자
는 법 위에 군림하고, 국민은 법에 보호받지 못하는 존재가 된다.

대한민국 헌법도 법치주의를 핵심 원칙으로 삼고 있다.

헌법 제1조 2항

"대한민국의 주권은 국민에게 있고, 모든 권력은 국민으로부터 나
온다."

헌법 제11조 1항

"모든 국민은 법 앞에 평등하다."

헌법 제27조 4항

"형사피고인은 유죄의 판결이 확정될 때까지는 무죄로 추정된다."

즉, 법치주의란 모든 국민이 법 앞에서 동등한 권리를 갖고, 공정한 절차를 통해 보호받는 것을 의미한다.

그러나 지금 대한민국에서는 법치주의가 제대로 작동하고 있는가?

2. 법치주의가 무너질 때 생기는 일들

법치주의는 종종 다수결 민주주의와 충돌한다. 법치주의는 법과 원칙을 강조하는 반면, 다수결 민주주의는 단순한 숫자의 논리를 강조한다.

◆ 법이 아니라 '힘 있는 자'가 지배한다.

• 법 위에 군림하는 정치 세력이 등장한다.
• 헌법이 보호해야 할 개인의 자유가 탄압받는다.
• 권력의 방향에 따라 법이 유동적으로 해석된다.

◆ 법이 '정치적 도구'로 변질된다.

• 법은 국민을 보호하는 역할이 아니라, 특정 세력이 상대를 탄압하는 수단이 된다.

• 법을 적용하는 기준이 사람에 따라 달라진다.

◆ 사법부와 헌법재판소가 정치화된다.

• 판결이 법적 판단이 아니라, 정치적 고려에 따라 내려진다.

• 법의 원칙이 아니라, 특정 세력의 이익에 따라 해석된다.

결국, 법치주의가 무너지면 국가는 법이 아니라 '권력자'에 의해 통치된다.

지금 대한민국에서 벌어지는 일들이 그것을 보여주고 있다.

3. 대한민국 법치주의의 위기 – 지금 무엇이 문제인가?

◆ 첫째, 법이 다수결에 의해 흔들리고 있다.

• 국회에서 다수당이 모든 권력을 장악하고, 헌법적 절차를 무시한 채 법을 만들고 있다.

• 대통령 탄핵조차 정치적 계산에 의해 이루어지고 있다.

◆ 둘째, 사법부와 헌법재판소가 정치적 영향을 받고 있다.

- 법리적 판단이 아니라, 정치적 이해관계가 사법부의 결정을 좌우하고 있다.

- 헌재조차 헌법을 수호하는 기관이 아니라, 정치적 판결을 내리는 기관으로 변질되고 있다.

◆ 셋째, 무죄추정 원칙이 사라지고 있다.

- 헌법이 보장하는 무죄추정의 원칙이 지켜지지 않고 있다.

- 법을 엄격하게 적용할 때와 느슨하게 적용할 때의 기준이 달라졌다.

- 특정 인물에게는 '유죄추정 원칙'이 적용되고 있다.

4. 대한민국 법치주의를 회복하기 위해 우리는 무엇을 해야 하는가?

◆ 첫째, 삼권분립을 다시 확립해야 한다.

- 국회의 다수결이 헌법을 넘어설 수 없도록 견제해야 한다.

- 행정부(대통령)는 독립적으로 운영될 수 있어야 한다.

- 사법부는 정치적 영향에서 벗어나 법과 원칙에 따라 판결해야 한다.

◆ 둘째, 헌법재판소의 정치적 독립성을 보장해야 한다.

- 헌재가 정치적 판결이 아니라 법적 판단을 내리도록 개혁해야 한다.

- 재판관 임명 과정에서 특정 세력이 독점하지 못하도록 제도를 개선해야 한다.

◆ 셋째, 법을 법답게 적용해야 한다.

- 법은 특정 세력을 위해 존재하는 것이 아니다.
- 무죄추정 원칙이 철저히 지켜져야 한다.
- 법의 잣대는 누구에게나 동일해야 한다.

◆ 넷째, 국민이 직접 법치주의를 지켜야 한다.

- 국민이 법이 어떻게 적용되는지 감시해야 한다.

- 법이 '도구'로 변질되는 순간, 민주주의도 함께 무너진다는 것을 인식해야 한다.

5. 법치주의를 지키는 것이 곧 자유를 지키는 길이다.

법치주의는 단순한 원칙이 아니다. 그것은 국가가 국민을 억압하는 것을 막는 마지막 방어선이다.

◆ 법치주의가 무너지면,

- 권력자들은 법 위에 군림하게 된다.

- 국민의 자유는 제한되고,

- 정치적 탄압이 일상화된다.

◆ 법치주의가 지켜지면,

- 국민은 법 앞에서 평등한 보호를 받는다.

- 권력은 제한되고,

- 법은 정치적 이해관계를 넘어 공정하게 작동한다.

지금 대한민국은 선택의 기로에 서 있다.

◆ 법치주의를 지킬 것인가?

◆ 아니면, 법이 권력에 의해 흔들리는 나라가 될 것인가?

이제 국민이 답해야 한다.

대한민국 헌법 가치의 붕괴 – 삼권분립의 심각한 훼손

1. 대한민국 헌법 가치의 붕괴

◇ 대한민국 헌법은 입법부(국회), 행정부(정부), 사법부(법원 및 헌법 재판소)가 상호 견제와 균형을 유지하도록 설계되어 있다.

◇ 그러나 최근 대한민국에서는 헌법이 보장하는 삼권분립 원칙이 사실상 붕괴되고 있다.

◇ 입법부(국회) – 다수당이 법과 절차를 무시하고 헌법 위에 군림

◇ 행정부(대통령 및 정부) – 국회와 사법부의 정치적 공세로 인해 정상적인 국정 운영이 마비

◇ 사법부 (법원 및 헌법재판소)정치적 이해관계에 따라 판결이 달라지는 사법권의 타락

☐ 결과 :

• 헌법적 원칙이 정치적 힘에 의해 좌우되며,

• 법이 아니라 여론과 정치적 다수결 논리에 의해 국가가 운영되는 상황이 심화되고 있다.

2. 입법부 독점 – 국회의 권력 남용과 입법 독재

◇ 대한민국 국회는 대통령을 견제할 권한을 가지고 있지만, 동시에 법을 초월하는 권력 기관이 아니다.

◇ 그러나 최근 다수당이 입법부를 장악하면 사실상 헌법 위에 군림할 수 있는 구조가 되어버렸다.

□ 문제점 :

• 다수당이 헌법적 절차 없이 법률을 강행 처리하며, 반대 의견을 배제

• 국회의 다수파가 대통령 탄핵을 정치적 도구로 활용하여 행정부를 마비

• 사법부 및 헌법재판소에 영향력을 행사하여 정치적 편향된 판결을 유도

◇ 국회의 권력 남용을 막기 위해 개헌이 필요하다.

• 입법부의 과도한 권력 집중을 방지하기 위해 국회 해산권 도입이 검토될 필요가 있다.

3. 행정부의 무력화 – 대통령의 헌법적 권한이 박탈되는 현실

◇ 대통령은 헌법에 의해 선출된 국가원수이며, 대한민국의 행정부 수반이다.

◇ 그러나 최근 국회와 사법부의 정치적 공세로 인해 대통령이 정상

적인 국정 운영을 하지 못하는 상황이 반복되고 있다.

□ 문제점 :

- 국회가 대통령 탄핵을 정치적 수단으로 남용하여 행정부의 권한을 제한

- 대통령의 법적 권한이 정치적 프레임에 의해 무력화됨

- 국회와 사법부의 권력이 집중되면서, 행정부는 사실상 마비되는 구조가 형성

□ 해결책 :

- 대통령의 헌법적 권한을 보장하기 위해 국회 해산권을 도입하여 균형을 맞출 필요가 있다.

4. 사법부의 정치화 – 법이 아니라 정치적 이해관계가 판결을 좌우

◇ 대한민국 법원과 헌법재판소는 법과 원칙에 따라 판결을 내려야 한다.

◇ 그러나 최근 사법부가 정치적 판단을 내리고 있다는 논란이 커지고 있다.

□ 문제점 :

- 동일한 사건이라도 정치적 성향에 따라 판결이 달라짐

- 법원이 헌법과 법률이 아닌 여론과 정치적 분위기에 영향을 받음

- 대통령 탄핵, 정치인의 구속 여부에서 형평성 없는 판결이 반복됨

□ 해결책 :

- 헌법재판소의 독립성을 강화하고,

- 사법부가 정치적 영향을 받지 않도록 개헌을 통한 제도적 장치
  마련

5. 개헌의 필요성 – 국회 해산권 도입을 포함한 개혁 방향

◇ 대한민국의 헌법 구조는 1987년 개정 이후 변화가 없었으며, 현
  시대의 정치적 문제를 해결하기에는 한계가 있다.

◇ 대한민국이 법치주의 국가로 남기 위해서는 권력 기관 간 균형
  을 회복하는 개헌이 반드시 필요하다.

1) 국회 해산권 도입

- 현재 대한민국 대통령은 국회를 해산할 권한이 없으며, 국회는 다
  수당 독주가 가능하다.

- 그러나 주요 선진국(독일, 프랑스 등)에서는 대통령이 필요할 경우
  국회를 해산하고 총선을 다시 치를 수 있는 권한을 가진다.

- 대한민국 역시 국회가 헌법을 위반하거나, 다수당이 권력을 남용
  하는 경우 대통령이 국회를 해산할 수 있는 제도적 장치를 마련

할 필요가 있다.

2) 대통령 탄핵 요건 강화

• 국회의 단순한 다수결로 대통령 탄핵이 결정되는 구조는 문제가 있다.

• 대통령 탄핵 절차를 헌법적 안정성을 고려하여 보다 엄격하게 개정할 필요가 있다.

3) 사법부 개혁

• 헌법재판소 및 대법원의 구성 방식을 개편하여 정치적 영향력을 차단

• 판결의 형평성을 유지하고, 정치적 사건에서 법과 원칙에 따른 판단을 내리도록 제도 개선

4) 입법부 견제 장치 마련

• 국회가 다수당 독주를 할 수 없도록 양원제 도입또는 입법부 견제 기구 설립

• 입법부가 대통령과 행정부를 마비시키는 구조를 방지하기 위해 행정부 권한을 강화하는 개헌 필요

6. 결론 - 대한민국 법치주의 회복을 위한 개헌이 필요하다

◇ 현재 대한민국의 삼권분립 원칙은 심각하게 훼손되고 있으며, 헌법

가치가 정치적 논리에 의해 흔들리고 있다.

◇ 이를 해결하기 위해서는 헌법 개정을 통한 근본적인 개혁이 필요하다.

◇ 특히 국회 해산권 도입, 대통령 탄핵 요건 강화, 사법부 독립성 확보, 입법부 견제 장치 마련이 반드시 이루어져야 한다.

◇ 대한민국이 법과 원칙이 지배하는 국가로 유지되기 위해서는, 삼권분립을 복원하고 법치주의를 강화하는 개헌이 시급하다.

탄핵의 두 얼굴

탄핵은 민주주의의 최후 보루다. 검은 구름이 몰려올 때 번쩍이는 번개와도 같은 이 제도는, 대통령이라 할지라도 헌법과 법률을 심각하게 위반했다면 그 자리에서 물러나게 할 수 있는 유일한 수단이다.

헌법 제65조는 탄핵의 조건을 명확히 하고 있다. "대통령을 비롯한 고위 공직자가 직무 집행에서 헌법이나 법률을 위배했을 때" 탄핵소추가 가능하다고 규정한다. 그러나 이 조건이 현실에서 어떻게 해석되고 적용되는지는 또 다른 문제다.

탄핵의 길은 세 개의 문을 지나야 한다.

▷ 첫 번째 문 : 국회의원 과반수의 발의
▷ 두 번째 문 : 국회 재적의원 3분의 2 이상의 찬성
▷ 세 번째 문 : 헌법재판소 재판관 9명 중 6명 이상의 찬성

이 세 개의 문은 각각 정치와 법이라는 두 개의 얼굴을 가지고 있다. 정의를 위한 문인가, 정쟁을 위한 문인가? 그 답은 시대에 따라 달라져왔다.

흔들리는 정의의 저울

현재 대한민국의 법정에서는 두 개의 큰 재판이 진행되고 있다. 하나는 대통령직을 걸고 있고, 다른 하나는 야당 대표의 운명이 걸려있다. 같은 법정, 같은 법률이지만 그 적용은 사뭇 다르게 보인다.

한쪽에서는 15자의 구속 사유로 현직 대통령이 구치소에 수감되었고, 다른 한쪽에서는 수많은 혐의에도 불구하고 불구속 상태가 유지되고 있다. 법의 저울이 한쪽으로 기울어진 것은 아닌지, 국민들의 의문은 깊어만 간다.

정치의 소용돌이 속 헌법재판소

헌법재판소라는 마지막 보루가 있다. 아홉 명의 재판관들은 정치적 파고를 헤치고 헌법적 정의를 찾아야 하는 막중한 임무를 지니고 있다. 과거 박근혜 전 대통령 탄핵 당시, 8명의 재판관은 만장일치로 탄핵을 인용했다. 그러나 이 결정을 두고도 '정치적 압박에 의한 것이 아니었나'라는 의문이 제기되었다.

이제 또다시 헌법재판소는 역사적 판단의 순간을 맞이하게 될 것이다. 과연 이번에는 순수한 헌법적 판단이 가능할 것인가? 아니면 다시 한번 정치의 소용돌이에 휘말리게 될 것인가?

법치주의의 미래를 위하여

법치주의는 우리가 함께 가꾸어야 할 정원과도 같다. 매일의 관심과 노력이 없다면 잡초가 자라나고, 꽃들은 시들어버릴 것이다. 정치라는 거센 바람이 불어올 때마다 이 정원을 지키는 것은 우리 모두의 책임이다.

지금 우리는 중대한 갈림길에 서 있다. 이 탄핵이 헌법적 정의를 위한 것인지, 아니면 정치적 승리만을 위한 것인지 냉철하게 판단해야 한다. 그리고 그 판단의 책임은 우리 모두에게 있다.

우리의 침묵은 법치주의라는 정원을 황폐화시킬 것이다. 반면 우리의 관심과 참여는 이 정원에 정의라는 꽃을 피워낼 것이다. 법치의 미래는 결국 우리의 선택에 달려있다.

결론 : 법치주의의 재발견

법치주의는 단순한 법조문의 집합이 아니다. 그것은 우리 사회의 근간이며, 민주주의를 지탱하는 기둥이다. 현재의 탄핵 정국은 우리에게 법치주의의 의미를 다시 한번 성찰하게 만든다.

이제 우리는 선택해야 한다. 법을 정치의 도구로 전락시킬 것인가, 아니면 정의의 나침반으로 삼을 것인가? 그 답은 우리 모두의 양심에 달려있다.

윤석열 대통령 탄핵심판 – 5대 핵심 쟁점 정리

2024년 12월 14일, 국회는 윤석열 대통령 탄핵소추안을 통과시키며 탄핵 사유로 비상계엄 선포 및 내란죄 혐의를 제시했다. 그러나 헌법재판소 탄핵심판 과정에서 내란죄 관련 핵심 증거가 흔들리며, 탄핵 사유가 사실상 변경되는 등 논란이 계속되고 있다.

이번 탄핵심판에서 주요 쟁점으로 다뤄지는 네 가지 핵심 논점을 정리하면 다음과 같다.

 내란죄 탄핵심판 제외 논란

◆ 국회는 탄핵소추안에서 윤 대통령을 '내란죄 우두머리'로 규정하며, 비상계엄 선포를 내란죄로 몰아갔다.

◆ 그러나 헌재 심리가 시작되기도 전에, 국회 측 변호인이 '내란죄 부분은 사실상 철회한다'고 밝혀 논란이 커졌다.

① 국회 측의 입장 변화

- 2024년 12월 14일 탄핵소추안 :

"윤 대통령은 무장 폭동을 일으켜 내란죄를 범했다. 내란 우두머리로서 헌법 수호의 책무를 저버렸다."

- 2025년 1월 3일 헌재 변론 준비 기일 :

정형식 헌법재판관 : "계엄과 관련한 일련의 행위가 내란죄에 해당한다는 주장을 철회하는 취지인가?"국회 대리인 김진한 변호사 : "사실상 철회한다."

◆ 내란죄를 핵심 탄핵 사유로 제시했던 국회가 이를 철회하면서, 탄핵소추안의 정당성 자체가 흔들리게 되었다.

② 여권과 법조계의 반응

국민의힘 등 보수진영에서는 이를 '사기 탄핵'이라며 강하게 비판했다.

권성동 국민의힘 원내대표 : "내란죄를 빼겠다는 것은 **'찐빵 없는 찐빵'**을 만들겠다는 것."

홍준표 대구시장 : "짜장면에서 짜장을 빼겠다는 소리."

법조계 의견 : "내란죄가 탄핵의 핵심 이유였는데 이를 철회하면, 국회에서 탄핵안을 다시 표결해야 하는 것 아니냐."

◆ 결국 국회가 처음에 내란죄를 내세우며 대통령을 직무 정지시켰다가, 정작 헌재 심리에서는 이를 제외하려 하면서 탄핵소추 자체의 정당성이 흔들리고 있다.

계엄군 투입이 '폭동'인가, 질서 유지인가

◆ 국회는 비상계엄 선포 이후 국회와 선관위에 군경을 투입한 것을 '폭동'으로 규정하며, 내란죄의 근거로 삼았다.

◆ 반면 윤 대통령은 '질서 유지 목적'이었다고 반박하면서 법리 공방이 치열해질 전망이다.

① 국회 측 주장 (탄핵소추안 내용)

• "비상계엄 선포로 군과 경찰을 동원해 국회를 협박하고 폭행하는 폭동을 일으켜 내란죄를 범했다."

• "국민의 신임을 배반하고 계엄선포권을 남용하여 국헌을 문란할 목적의 폭동을 일으켰다."

② 윤석열 대통령 측 반박

• "국회의 계엄 해제 요구를 즉각 수용했다."

• "계엄을 통해 국회를 해산하거나 마비시키려는 것이 아니라, 망국적 국정 마비 상황을 국민에게 알리려 한 것이다."

• "소규모 병력 투입은 국회 관계자와 시민들이 몰릴 것을 대비한 질서 유지 목적이었다."

◆ 결국, 헌법재판소가 '비상계엄을 폭동으로 볼 것인지, 통치 행위로 인정할 것인지'가 탄핵심판의 중요한 변수가 된다.

◆ 국회는 윤 대통령이 계엄법을 위반하여 비상계엄을 선포했다고 주장하며, 탄핵의 핵심 근거로 삼고 있다.

◆ 반면 윤 대통령은 헌법이 보장한 '통치 행위'라고 반박하고 있다.

① 국회 측 주장

• 계엄은 전시, 사변 또는 이에 준하는 국가 비상사태에서만 선포할 수 있음.

• 그러나 2024년 12월 3일 당시 국가 비상사태가 발생한 정황이 없음.

• 경찰력만으로도 대응이 가능했으며, 군을 투입할 필요가 없었음.

• 따라서 윤 대통령이 헌법과 법률을 위반하고 계엄을 선포한 것은 명백한 위헌 행위.

② 윤석열 대통령 측 반박

• 대통령은 국가 위기 시 비상계엄을 선포할 헌법적 권한을 가짐.

• 입법 독재로 인해 탄핵이 남발되며, 행정부가 마비되고 사법부가 정치화되는 등 헌정질서가 무너지는 국가적 위기 상황이었다.

• 계엄 선포 후, 국회가 헌법적 절차에 따라 해제 결의를 했고, 대통령이 이를 즉각 수용.

- 따라서 비상계엄 선포 자체가 탄핵 사유가 될 수 없음.

◆ 쟁점은 '비상계엄 선포가 헌법적으로 정당했는가'이며, 헌재가 이를 어떻게 판단할지가 핵심이다.

 비상계엄 선포 과정에서 절차적 위반이 있었는가

◆ 국회는 윤 대통령이 비상계엄을 선포하는 과정에서 절차를 무시했다고 주장하고 있다.

◆ 반면 윤 대통령은 '국가 위기 상황에서 신속한 결정을 내린 것'이라고 반박한다.

① 국회 측 주장

- 국무회의가 5분 만에 끝났고, 다수 국무위원이 반대했음에도 대통령이 독단적으로 계엄을 선포했다.

- 국방부 장관과 대통령만 논의하고, 국무총리와 행정안전부 장관 등의 의견을 충분히 듣지 않았음.

② 윤 대통령 측 반박

- 계엄은 대통령의 헌법적 권한이며, 국무회의는 자문 역할에 불과함.

- 국무회의에서 논의를 했으며, 반대 의견도 들었음.

- 계엄 발령 당시 긴급한 국가 위기 상황이었기 때문에 신속한 결정이 필요했음.

◆ 쟁점은 '국무회의 절차가 헌법적 요건을 충족했는가' 이며, 헌재가 이를 어떻게 판단할지가 중요하다.

 쟁점 5 헌재의 국민적 신뢰와 재판관들의 정치적 중립

◆ 헌재가 정치적 고려 없이 법과 원칙에 따라 판단해야 하며, 특정 진영의 정치적 압력에 흔들려서는 안 됨.

◆ 재판관 개개인의 정치적 성향이 판결에 영향을 미칠 경우, 탄핵 심판의 정당성 자체가 흔들릴 수 있음.

□ **결론** : 탄핵소추안의 핵심 논거였던 내란죄가 심리에서 제외되면서, 탄핵의 법적 정당성이 크게 흔들리고 있으며, 헌법재판소의 최종 판단에 따라 정치적 후폭풍이 예상된다.

윤석열 대통령 탄핵심판 5대 쟁점 요약

쟁점	국회 측 주장	윤 대통령 측 반박
내란죄 탄핵심판 제외 논란	내란죄를 핵심 탄핵 사유로 제시했으나, 헌재 심리에서 철회하여 탄핵 정당성이 흔들림	내란죄 철회는 탄핵 사유 변경이며, 탄핵소추안의 정당성을 상실
계엄군 투입 : 폭동인가, 질서 유지인가	국회 및 선관위에 군경 투입은 폭동이며, 국헌 문란 행위	군 투입은 국회 해산이 아니라 질서 유지 목적이었으며, 국회 계엄 해제 결의를 즉각 수용
비상계엄 선포 자체의 위법성 여부	비상계엄은 헌법과 계엄법을 위반한 위헌적 조치로, 국가 비상사태에 해당하지 않음	입법 독재와 탄핵 남발로 행정부가 마비되고 사법부가 정치화되는 국가 위기 상황에서 불가피한 조치
비상계엄 선포 과정의 절차적 위반	국무회의 심의를 거치지 않고 대통령이 독단적으로 계엄을 선포하여 절차 위반	국무회의에서 논의가 있었으며, 대통령의 헌법적 권한에 따른 정당한 결정
헌재의 국민적 신뢰와 재판관들의 정치적 중립	– 헌재가 공정성과 중립성을 지키지 못하면 탄핵심판의 정당성이 훼손됨. – 특정 성향의 재판관들이 정치적 의도로 판결할 가능성이 우려됨 – 헌재가 정치적 고려 없이 법과 원칙에 따라 판단해야 하며, 특정 진영의 정치적 압력에 흔들려서는 안 됨	

☐ 탄핵심판에서 가장 큰 쟁점은 '비상계엄 선포'의 정당성과 절차 문제이며, 내란죄가 심리에서 제외되면서 탄핵소추안의 법적 정당성이 흔들리고 있다. 또한, 헌재의 판결이 국민적 신뢰를 유지할 수 있을지, 재판관들의 정치적 중립성이 보장될지도 중요한 관건이 될 전망이다.

1. 윤석열 대통령 측이 주장하는 부정선거 의혹

전자 개표기의 조작 가능성

- 선거관리위원회의 전산 시스템이 외부 해킹에 취약하며, 개표 과정에서 조작이 가능하다는 의혹이 제기됨.

사전투표 조작 의혹

- 사전투표에서 특정 후보에게 과도하게 표가 몰렸다는 점을 지적하며, 사전투표 데이터 조작 가능성이 제기됨.

가짜 투표용지 및 투표함 바꿔치기 의혹

- 일부 지역에서 정상적인 절차를 거치지 않은 투표용지가 발견되었다는 의혹이 제기됨.

선거관리위원회의 미흡한 대응

- 대통령 측은 선관위가 부정선거 의혹을 해소하기 위해 적극적으로 검증에 나서지 않았으며, 증거 확보를 방해했다고 주장함.

2. 부정선거 의혹을 해소해야 하는 이유

국민 신뢰 회복

- 부정선거 의혹이 지속되면 대한민국 민주주의 신뢰가 훼손될 위험이 있으며, 정치적 혼란이 가중될 가능성이 있음.

선거제도 개선 필요성

- 부정선거 의혹이 반복되지 않도록, 사전투표 보안 강화 및 개표 과정의 투명성을 높이는 법 개정 필요성이 제기됨.

헌법적 정당성 확보

- 선거가 공정하게 치러졌다는 확신이 있어야 민주주의 체제가 정당성을 유지할 수 있으며, 이에 대한 철저한 조사가 필요함.

3. 부정선거 의혹으로 선거법을 개정한 해외 사례

① 케냐 (2007년 대선 이후 개정)

- 배경 : 대선 부정선거 의혹으로 대규모 폭력 사태 발생
- 개정 내용 : 독립 선거 관리 기구(IEBC) 설립, 전자 투표 시스템 도입, 선거 분쟁 해결 절차 개선

② 멕시코 (1988년 대선 이후 개정)

- 배경 : 대선 개표 조작 의혹으로 정치적 위기

- 개정 내용 : 독립 선거 기관(IFE, 현 INE) 설립, 정당 재정 투명성 강화, 선거 캠페인 규제 강화

③ 우크라이나 (2004년 대선 이후 개정)

- 배경: 부정선거 의혹으로 '오렌지 혁명' 발생

- 개정 내용: 선거 절차 투명성 강화, 선거 관리 기구 독립성 강화, 선거 분쟁 해결 절차 개선

④ 키르기스스탄 (2020년 총선 이후 개정)

- 배경: 총선 부정선거 의혹으로 대규모 시위 발생 → 선거 결과 무효화 및 대통령 사임

- 개정 내용: 선거법 개정, 선거 관리 체계 강화, 2021년 11월 재선거 실시

⑤ 필리핀 (2004년 대선 이후 개정)

- 배경 : 대통령 선거 부정선거 의혹으로 정치적 불안

- 개정 내용 : 전자 투표 시스템 도입, 선거 관리 기구 독립성 강화, 선거법 개정

⑥ 인도네시아 (2019년 대선 이후 개정)

- 배경: 부정선거 의혹으로 대규모 시위 발생

- 개정 내용: 선거 관리 기구 개혁, 선거 자금 투명성 강화, 캠페인 규제 강화

□ 결론 : 부정선거 논란의 해소와 선거제도 개혁 필요성

윤석열 대통령 측은 부정선거 의혹이 명확히 해소되지 않는다면, 대한민국 민주주의의 근본적 신뢰가 흔들릴 수 있다고 경고하며, 이에 대한 철저한 검증과 제도 개선이 필요하다는 입장을 강조하고 있다.

□ 핵심 주장 :

* 선거 조작 가능성을 배제할 수 없으므로 철저한 검증 필요
* 전자 개표기 보안 강화 및 수작업 개표 도입 검토
* 해외 사례를 참고해 독립적인 선거 관리 기구 개편 추진

□ 최종 목표 :

* 대한민국 선거제도의 투명성과 공정성을 강화하여 국민 신뢰 회복

과거 운동권에 빚진 마음으로 살아가는 사람들
: 그들이 정치와 법치주의를 흔들다

1. 부채의식이란 무엇인가?

부채의식(負債意識)이란, 과거에 해야 할 일을 끝까지 하지 못한 사람들이 느끼는 일종의 죄책감이다.마치 빚을 진 것처럼,과거의 선택이 계속 마음속에 남아 자신을 괴롭히는 것이다.

◆ 어떤 사람들에게 부채의식이 생기는가?

• 한때 학생운동을 했지만, 끝까지 싸우지 못하고 중도에 포기한 사람들

• 처음부터 운동의 핵심이 아니라 주변에서 맴돌았던 사람들

• 과거에는 신념을 외쳤지만, 현실에서 적응하며 개인의 성공을 추구한 사람들

이들은 스스로를 돌아볼 때,

□ "나는 왜 끝까지 가지 못했을까?"

□ "나는 왜 현실과 타협했을까?"

□ "나는 과거의 나를 배신한 것이 아닐까?"라는 생각을 떨쳐버릴 수 없다.

그러나 이 부끄러움을 솔직하게 인정할 수 없는 사람들은, 오히려 자신을 정당화하는 길을 택한다.

그것이 지금 대한민국의 정치와 법치주의를 흔들고 있다.

2. 70~80년대 대학을 다닌 세대와 부채의식

부채의식이 가장 강한 세대는 1970~80년대 대학을 다닌 사람들이다.

이들은 당시 학생운동의 중심에 있었고, 특히 맑스-레닌주의(Marxism-Leninism)와 주체사상에 깊이 영향을 받았다.

◆ 이들은 민주화 운동을 했지만, 이후 현실 속에서 개인의 출세와 안정을 선택했다.

• 과거의 신념을 끝까지 밀고 나가는 대신, 현실적으로 적당히 타협하며 성공한 사람들이 많았다.

• 정치권, 언론, 법조계, 학계 등 사회 각 분야에서 높은 자리에 올랐다.

◆ 문제는 이들이 과거의 사상을 명확히 정리하고 새로운 시대에 맞게 가치관을 정립한 것이 아니라, 여전히 운동권적 사고방식과 감정을 내면에 품고 있다는 점이다.

• 평소에는 현실적으로 행동하지만, 결정적인 순간이 오면 과거

운동권 동지들에 대한 부채의식이 작동한다.

- 대한민국을 위한 법과 원칙을 따르는 것이 아니라, 운동권에 대한 미안함을 갚는 선택을 한다.

◆ 그들은 대한민국의 헌법과 법치를 기준으로 판단하는 것이 아니라, 과거 운동권 세력과의 연대 속에서 선택을 한다.

- '나는 끝까지 가지 못했지만, 이제라도 그들을 도와야 한다.'
- '내가 과거를 배신한 것이 아니라, 지금이라도 그 뜻을 함께해야 한다.'
- '대한민국이 올바른 방향으로 가는가'보다,'과거 운동권이 원하는 방향으로 가는가'를 더 중요하게 생각한다.

3. 과거 운동권에 빚진 마음으로 살아가는 사람들의 두 가지 반응

◆ 첫째, 현실에서는 개인의 성공을 위해 적당히 살지만, 결정적 순간이 오면 과거 운동권 세력을 위해 이념적 선택을 한다.

- 평소에는 기득권 속에서 안정적으로 살다가, 중요한 순간이 오면 과거의 동지들에게 유리한 선택을 한다.
- 법과 원칙을 기준으로 판단하는 것이 아니라, 운동권적 감정과 연대 속에서 선택을 한다.

◆ 둘째, 표면적으로는 원칙과 법치를 강조하면서도, 실제로는 정치적 이익에 따라 움직인다.

• 법률적 판단을 내릴 위치에 있으면서도, 법이 아니라 과거 운동권의 정서를 반영하는 결정을 한다.

• 국민을 위한 정책보다도, 운동권의 영향력이 유지되는 방향을 선택한다.

그 결과, 이들은 헌법과 법보다 '운동권의 이념적 충성'을 우선시하는 경향을 보인다.

▫ "나는 끝까지 싸우지 못했지만, 지금이라도 그들을 지켜줘야 한다."

▫ "이게 민주주의냐? 대한민국의 법보다 중요한 건, 우리 운동의 방향이다."

▫ "정권이 누가 잡든, 우리 세력이 무너지지 않도록 해야 한다." 이러한 태도가 결국 대한민국의 법치주의를 흔들고 있다.

4. 탄핵 정국 속 '운동권 부채의식'이 만든 기형적 정치 행태

◆ 왜 법치주의를 무너뜨리는가?

• 법이 아니라 감정과 신념으로 판단한다.

- 과거를 정당화하려면, 지금의 현실도 '정당한 것'이어야 한다.
- 따라서 법보다도 '이념적 논리'가 더 중요해진다.

◆ 왜 탄핵을 정치적 수단으로 사용하는가?

- 원칙보다도 '자신이 정의롭다고 믿는 것'을 우선한다.
- 과거의 자신이 틀리지 않았다는 걸 증명하려면,
- 지금 자신이 지지하는 세력이 '절대적 정의'가 되어야 한다.

◆ 왜 헌법재판소조차 정치적으로 움직이는가?

- 법리적 판단보다도 '이념적 판단'이 앞선다.
- 판결을 내리는 사람들이 과거를 부정하지 않기 위해,
- 특정한 방향으로 판결을 내리려 한다.

결국, 과거 운동권에 빚진 마음으로 살아가는 사람들이 법과 정치마저 왜곡하고 있는 것이다.

부록

정치에 참여하기를
거부함으로써
받는 벌 중의 하나는
자신보다 못한 사람의
지배를 받는 것이다

- 플라톤

대통령 계엄선포부터 체포까지의 타임라인
(쟁점 및 발표 포함)

2024년

12월 3일
- 오후 10시 25분 : 윤석열 대통령, 국가 안보와 질서 유지를 위해 비상계엄 선포.
- ≫ 쟁점 : 비상계엄 선포의 헌법적 정당성과 절차적 적법성.

12월 4일
- 오전 1시 : 국회, 비상계엄 해제 요구 결의안 가결.
- 오전 4시 30분 : 한덕수 국무총리가 주재한 국무회의에서 계엄 해제안 의결.
- 윤석열 대통령, 담화문 발표 : "질서를 회복하기 위한 어려운 결정" 강조.
- 민주당 중심 야당, 윤석열 대통령 탄핵소추안 제출
- ≫ 쟁점 : 신속한 계엄 해제 결정으로 왜 계엄을 했는지에 대한 국민적 관심 증대

12월 7일
- 윤 대통령, "임기 포함 정국 안정 방안 당에 일임" 발언.
- 탄핵소추안 의결정족수 미달로 불성립
- ≫ 쟁점 : – 계엄 해제 이후 거세질 탄핵 정국과 대통령의 행보
  – 탄핵소추안 내용 중 친중친북적 내용에 대한 국민적 비판

| 12월 11일 | • 검찰 특수본, 대통령에게 15일 1차 출석 통보 → 불출석. |
| | ≫ 쟁점 : 대통령의 검찰 출서 거부에 대한 법적 해석 |

12월 12일	• 윤 대통령, 대국민 담화 발표 : "비상계엄에 대한 대통령의
	입장".
	• 야당, 2차 탄핵소추안 국회 제출.
	≫ 쟁점 : 대통령의 비상계엄 선포 이유와 2차 탄핵소추안
	(친중진북적 내용 삭제)

| 12월 14일 | • 국회, 대통령 탄핵소추안 가결. |
| | ≫ 쟁점 : 탄핵소추안 가결의 법적 효력과 향후 절차. |

12월 16일	• 검찰 특수본, 21일 2차 출석 통보 → 불출석.
	• 공조본, 대통령에게 18일 1차 출석 통보 → 불출석.
	• 검찰, 공수처로 윤대통령 수사 이첩
	≫ 쟁점 : 대통령의 비상통치행위인 계엄선포와 내란죄 성립
	여부
	공수처 권한 논란: 내란죄를 수사할 수 있나?

| 12월 20일 | • 공조본, 25일 2차 출석 통보 → 불출석. |
| | ≫ 쟁점 : 수사기관들의 과당 경쟁 논란 |

12월 24일	• 검찰 특수본, 윤 대통령 사건 일부 자료 공수처 이첩

12월 26일 • 공조본, 대통령에게 29일 3차 출석 통보 → 불출석.
≫ 쟁점 : 대통령의 출석 거부에 따른 법적 제재 가능성.

12월 27일 • 대통령 대리인단, 헌재에 변론 준비기일 선임계 제출 및 출석.
• 공조본, 서울 삼성동 안가 압수수색 실패.
• 국회, 한덕수 권한대행 탄핵소추안 통과
≫ 권한대행 탄핵의결 정족수 논란

12월 30일 • 공수처, 서부지법에 윤 대통령 체포영장 청구
≫ 쟁점 : 꼼수인 영장쇼핑 논란

12월 31일 • 서부지법, 헌정사 최초, 세계 유례없는 현직 대통령에 대한 체포영장 발부.
• 최상목 대통령 권한대행, 헌법재판관 2명(정계선, 조한창) 임명
≫ 쟁점 : 불법적 체포영장 발부 논란

2025년

1월 1일 • 윤 대통령, 국민에게 새해 인사 서신 전달 : "자유민주주의를

지키겠다는 새해의 다짐과 국민과의 약속".

1월 3일 • 민주당, 내란죄 부분 탄핵소추 사유에서 철회
• 검찰, 대통령 체포영장 집행 시도 → 실패 (5시간 30분 만에 철수).
≫ 쟁점 : 탄핵사유 변경시 국회 재의결 여부 논란
체포영장 집행 과정에서의 법적 정당성과 대통령 경호 문제 대두.

1월 6일 • 공조본, 체포영장 기한 종료 후 재청구 진행.
≫ 쟁점 : 체포영장 재청구의 불법적 요소와 국민적 반감

1월 7일 • 서부지법, 대통령 체포영장 재발부.
• 윤 대통령 측, 헌재에 체포영장 권한쟁의심판 및 가처분 신청
≫ 쟁점 : 체포영장 재발부의 근거와 그 절차적 정당성. 대통령에 대한 마녀사냥

1월 8일 • 윤 대통령 측, 기자회견 : "기소나 구속영장 청구 시 재판으로 응할 것".
• 헌재, 검,경,국방부로부터 비상계엄 관련 수사기록 입수
≫ 쟁점 : 재판에 응한다는데 현직 대통령을 굳이 망신 주기 위해 체포하려 하는가?

1월 12일	• 윤 대통령 측, 공수처에 변호인 선임계 제출.
	≫ 쟁점 : 대통령 측의 변호 전략과 공수처 대응.
1월 13일	• 윤 대통령 측, 헌재에 정계선 재판관 기피신청서 제출(남편이 탄핵운동에 참여)
	≫ 쟁점 : 이해충돌에서 벗어나지 못한 헌재가 공정한 재판을 할 수 있나?
1월 14일	• 공수처, 경찰, 경호처 3자 회동(체포영장 집행 관련 협의)
	• 윤 대통령 탄핵심판 1차 변론기일 → 윤 대통령 불출석
	• 헌재, 대통령 측 기피 신청 기각
	≫ 쟁점 : 헌재 및 공권력 집행의 공정성
1월 15일	• 윤 대통령, 스스로 걸어나가 체포되기 직전 국민에게 드리는 영상 발표 "공권력 간 불미스러운 충돌을 방지하기 위하여, 불법 영장에 의한 집행이지만 스스로 걸어 나가겠다."
	• 공수처, 전 국민과 전 세계가 보는 앞에서 윤 대통령 체포 포영장 집행.
	≫ 쟁점 : 공수처의 불법 영장 및 문서 위조 논란 체포라는 망신주기 이벤트를 벌이는 공권력에 대한 국민적 불신 증대

　유구한 역사와 전통에 빛나는 우리 대한국민은 3·1운동으로 건립
된 대한민국 임시정부의 법통과 불의에 항거한 4·19민주이념을 계승
하고, 조국의 민주개혁과 평화적 통일의 사명에 입각하여 정의·인도
와 동포애로써 민족의 단결을 공고히 하고, 모든 사회적 폐습과 불의
를 타파하며, 자율과 조화를 바탕으로 자유민주적 기본질서를 더욱
확고히 하여 정치·경제·사회·문화의 모든 영역에 있어서 각인의 기
회를 균등히 하고, 능력을 최고도로 발휘하게 하며, 자유와 권리에 따
르는 책임과 의무를 완수하게 하여, 안으로는 국민생활의 균등한 향
상을 기하고 밖으로는 항구적인 세계평화와 인류공영에 이바지함으
로써 우리들과 우리들의 자손의 안전과 자유와 행복을 영원히 확보
할 것을 다짐하면서 1948년 7월 12일에 제정[9]되고 8차에 걸쳐 개
정된 헌법을 이제 국회의 의결을 거쳐 국민투표에 의하여 개정한다.

헌법 전문과 국민 저항권
– 불복종 운동의 헌법적 의의와 권리

1. 대한민국 헌법 전문과 저항권의 헌법적 근거

대한민국 헌법 전문에는 다음과 같은 내용이 명시되어 있다.

"유구한 역사와 전통에 빛나는 우리 대한국민은 3·1운동으로 건립
된 대한민국 임시정부의 법통과 4·19 민주이념을 계승하고, 정의·인도
와 동포애로써 민족의 단결을 공고히 하며..."

이 조항에서 3·1운동과 4·19혁명의 정신을 계승한다는 점이 강조되
고 있다. 이는 대한민국이 불의한 권력에 맞선 국민의 저항 정신을 헌
법적으로 인정하고 있음을 의미한다.

3·1운동은 일제의 식민통치에 맞선 비폭력적인 독립운동이었으며,
4·19혁명은 독재 권력에 맞서 국민이 주도한 민주화 운동이었다.

이러한 역사적 경험을 헌법에 명시한 것은, 헌법 질서가 국민의 정당
한 저항과 불복종 운동을 부정할 수 없다는 점을 시사한다.
즉, 대한민국의 헌법 질서는 국민이 자유민주적 기본질서를 수호하기
위해 불의한 권력에 저항할 권리를 인정하는 방향으로 해석될 수 있다.

2. 국민 저항권의 개념과 헌법적 의의

국민 저항권(抵抗權, Right to Resist)이란 헌법이 보장하는 민주적 기본질서가 침해될 때, 국민이 이에 저항할 수 있는 권리를 의미한다. 이는 근본적으로 헌법과 법률이 국민을 보호해야 하지만, 만약 권력이 헌법을 위반하고 국민의 기본권을 침해한다면, 국민은 이에 맞서 저항할 권리와 의무를 가진다는 원칙에 기반한다.

국민 저항권의 정당성은 다음과 같은 헌법적 가치에서 비롯된다.

1) 헌법 수호 의무

- 헌법 제1조 2항 : "대한민국의 주권은 국민에게 있고, 모든 권력은 국민으로부터 나온다."

- 국가 권력이 헌법을 위반하고 주권자인 국민의 의사를 무시한다면, 국민은 헌법 수호를 위해 적극적으로 행동할 권리를 갖는다.

2) 3·1운동과 4·19혁명의 역사적 계승

- 헌법 전문에서 3·1운동과 4·19혁명을 계승한다고 명시한 것은, 국민이 헌법 수호를 위해 불의한 권력에 맞서 싸운 역사를 헌법적 가치로 인정한 것이다.

- 이는 대한민국에서 국민 저항권이 단순한 이론적 개념이 아니라, 헌법에 의해 정당성이 뒷받침되는 권리임을 시사한다.

3) 국제법적 정당성

- 세계인권선언(UDHR) 제1조 : "모든 인간은 태어날 때부터 자유롭고 평등하며 존엄과 권리를 가진다."

- UN 인권규약에서도 국민이 불의한 권력에 맞서 기본권을 지킬 수 있는 권리를 인정하고 있다.

- 프랑스 혁명의 기초가 된 1789년 '인간과 시민의 권리 선언' 제 2조에도 국민의 저항권이 명시되어 있다.

따라서 대한민국 헌법은 국민 저항권을 직접적으로 규정하고 있지는 않지만, 헌법 전문과 기본권 보장 조항을 종합적으로 해석하면, 국민 저항권이 헌법적 정당성을 가질 수 있다는 점을 확인할 수 있다.

3. 시민 불복종 운동의 헌법적 권리와 의미

시민 불복종(Civil Disobedience)은 국가의 법률이나 정책이 헌법적 가치와 민주주의 원칙을 위반할 경우, 국민이 이에 저항하는 행위를 의미한다.

시민 불복종은 일반적인 불법행위와 다르게, 공익을 목적으로 하며, 비폭력적인 방법으로 이루어진다. 이는 다음과 같은 헌법적 권리와 연결된다.

1) 표현의 자유(헌법 제21조)

- "모든 국민은 언론·출판의 자유와 집회·결사의 자유를 가진다."

- 시민이 정부의 부당한 정책에 대해 집회를 열고, 공적인 방식으로 반대 의사를 표현하는 것은 헌법이 보장하는 기본권에 해당한다.

2) 양심의 자유(헌법 제19조)

- "모든 국민은 양심의 자유를 가진다."

- 국가의 정책이 개인의 양심에 반하는 경우, 국민이 이를 거부하고 저항하는 것은 헌법적 권리로 인정될 수 있다.

3) 저항권과 연결된 헌법적 보호 장치

- 비폭력적인 시민 불복종 운동은 민주주의 사회에서 정부 정책을 견제하는 중요한 역할을 한다.

- 대한민국은 이미 4·19혁명, 6월 민주항쟁 등의 역사적 사례를 통해 시민 불복종이 민주주의 발전에 기여했음을 증명했다.

- 따라서 불복종 운동은 단순한 불법 행위가 아니라, 헌법 정신을 수호하는 국민의 권리로 볼 수 있다.

4. 저항권과 시민 불복종의 한계

헌법과 법률이 국민의 기본권을 보호해야 하지만, 국민 저항권과 시민 불복종도 무조건 정당화될 수는 없다. 특히, 폭력적인 방법을 사용하는 경우 헌법 질서와 민주적 원칙을 훼손할 위험이 있다.

1) 비폭력 원칙 준수

- 3·1운동과 4·19혁명은 비폭력 저항의 대표적인 사례이다.

- 민주주의 사회에서 저항권이 인정되려면, 폭력이나 파괴 행위가 아닌 합법적인 방법을 통한 저항이 우선시되어야 한다.

2) 헌법적 가치와 일치해야 함

- 저항권과 시민 불복종이 헌법적 정당성을 가지려면, 국민의 기본권을 보장하는 방향으로 행사되어야 한다.

- 단순히 정치적 목적을 위한 선동이나, 법질서를 무너뜨리는 행위는 저항권으로 보호받을 수 없다.

결론 : 국민 저항권과 시민 불복종은 헌법적 권리인가?

대한민국 헌법 전문은 3·1운동과 4·19혁명의 정신을 계승한다는 점을 명시하고 있으며, 이는 국민이 민주주의와 헌법을 수호하기 위해 저항할 수 있는 정당성을 제공한다.

1) 헌법 제1조는 "모든 권력은 국민으로부터 나온다."라고 규정하고 있으며, 국민이 부당한 권력에 저항할 수 있는 권리를 원칙적으로 보장하고 있다.

2) 국민 저항권과 시민 불복종은 표현의 자유, 양심의 자유, 집회·결사의 자유등의 헌법 조항에 근거하여 정당성이 인정될 수 있다.

3) 그러나 저항권과 시민 불복종은 폭력 없이 헌법적 가치에 부합하는 방식으로 행사될 때만 정당성을 가질 수 있다.

따라서, 대한민국 헌법 질서 내에서 국민 저항권과 시민 불복종 운동은 헌법적으로 보호될 수 있는 권리이지만, 이는 민주적 원칙과 헌법적 가치를 지키는 방식으로 이루어질 때 정당성을 확보할 수 있다.

탄핵 정국과 국민 저항권의 연관성

  현재 헌법재판소가 윤 대통령의 탄핵 여부를 심리 중이며, 헌재의 판결(인용 or 기각)에 따라 국민 저항권과 시민 불복종 운동의 정당성 논의가 달라질 수 있다.

1. 탄핵이 인용될 경우(파면 결정)

- 탄핵 과정에서 공수처와 검찰이 내란 프레임을 만들어냈고, 헌재가 탄핵 사유를 인정하며 파면을 결정할 경우, 국민 저항권의 필요성이 강하게 대두될 가능성이 있다.

- 대통령이 국민의 직접적 동의 없이 정치적 절차로 축출되었을 경우, 이는 헌법적 질서의 중대한 문제로 이어질 수 있다.

- 특히, 사법부가 정치적 영향을 받아 삼권분립과 사법정의가 훼손되었다는 의혹이 제기될 수 있다.

2. 탄핵이 기각될 경우(대통령직 유지)

- 탄핵이 부당한 정치적 공작이었다는 것이 드러날 것.

- 이에 따라, 탄핵을 추진한 세력에 대한 책임 규명을 할 필요성이 생김.

- 기각이 결정될 경우, 시민 불복종 운동보다는 법적 대응과 정치적

개입을 통한 정당성 회복이 주요한 방향이 될 수 있음.

- 그러나 탄핵 심판이 정치적으로 변질된 과정이 드러난다면, 사법 부가 정치적 도구로 활용되었다는 문제 제기가 불가피할 것.

헌법재판소의 판단과 저항권의 필요성

헌법재판소는 현재 탄핵 심판을 진행 중이며, 결과에 따라 국민 저항권과 시민 불복종의 의미가 달라질 수 있다. 만약 헌재가 탄핵을 인용(파면 결정)한다면, 국민은 헌법을 지키기 위한 저항권을 행사해야 하느냐는 질문이 본격적으로 제기될 것이다.

1. 탄핵 사유의 정당성 문제

- 내란 프레임이 적용되지 않는다면, 대통령의 비상계엄 선포가 탄핵 사유가 될 수 있는지에 대한 법적 논리가 불명확해짐.

- 그럼에도 불구하고 헌재가 탄핵을 인용한다면, 정치적 판결이라는 의혹이 커질 가능성이 있음.

2. 국민 주권과 민주주의 원칙 훼손 가능성

- 헌법 제1조 2항에서 "대한민국의 주권은 국민에게 있고, 모든 권력은 국민으로부터 나온다."라고 명시하고 있음.

- 국민이 직접 선출한 대통령이 불명확한 법적 근거로 파면된다면, 이는 국민 주권 원칙에 반하는 결정이 될 수 있음.

3. 삼권분립과 사법정의의 위기

- 사법부가 정치적 결정을 하는 도구로 전락했다는 의혹 증대.

- 원래 삼권분립의 원칙에 따라 사법부는 행정부와 입법부의 권한 남용을 견제해야 하지만, 이번 탄핵 과정에서 정치적 압력에 의해 헌법재판소가 움직였다는 평가가 나온다면 사법부의 독립성과 정당성이 심각하게 훼손될 수 있음.

- 만약 헌재가 정치적 의도를 반영한 결정을 내린다면, 향후 사법부의 판결이 국민의 신뢰를 잃고 특정 세력의 이해관계를 반영하는 도구로 악용될 가능성이 커짐.

4. 저항권이 헌법적 정당성을 가질 수 있는 근거

- 헌법 전문에서 3·1운동과 4·19혁명을 계승한다고 명시한 것은, 국민이 헌법 수호를 위해 불의한 권력에 맞서 싸운 역사를 헌법적 가치로 인정한 것.

- 삼권분립이 훼손되고 사법부가 정치적 결정에 휘둘릴 경우, 이는 국민의 기본권을 위협하는 요소가 될 수 있음.

- 따라서, 국민이 헌법을 지키기 위해 저항할 수 있는 헌법적 근거가 존재함.

윤석열 대통령 탄핵과 주요 의혹들

1. 비상계엄 선포와 내란 프레임 조작

2024년 12월 3일 밤 10시 23분, 윤석열 대통령이 비상계엄을 선포했다. 하지만 계엄 선포 이후 군이 전국적으로 동원되지 않았으며, 실제로는 평소와 다름없는 상태였다. 그럼에도 민주당과 이재명은 이를 내란 프레임으로 몰아가며 대통령 탄핵을 추진했다.

이 과정에서 한국은 전 세계적으로 후진적 민주주의 국가로 평가받았으며, 정치적 혼란이 심화되었다.

민주당의 입법 독주도 심각했지만, 비상계엄 선포를 빌미로 정권 전복을 위한 정치적 공격이 본격화되었다.

2. 내란 프레임의 시작과 군사 재판의 문제점

내란 프레임은 누가 처음 만들었는가. 검찰과 공수처는 윤 대통령과 군 장성들에게 내란죄를 적용했지만, 이를 심리한 군사법원의 판사들조차 내란죄가 성립된다고 확신하지 않았다.

군사법원은 원래 군 관련 사건에서 엄격한 기준을 적용하는 곳이다. 이번 사건에서는 내란 혐의 적용이 어렵다고 판단했음에도, 검찰과 공수처는 "내란" 프레임을 강하게 밀어붙이며 윤 대통령과 군 장성들을 기소하고 구속하려 했다.

내란죄는 원래 "국헌 문란을 목적으로 폭력을 사용하는 행위"를 의미하지만, 이번 사건에서는 실제 폭력 행위가 없었으며, 내란죄의 법적 요건을 충족하기 어려운 상황이었다.

하지만 검찰과 공수처는 이를 무시한 채 내란죄 적용을 강행했다.

3. 국정원 2차장의 '내란 메모'와 한동훈 거명 의혹

내란 프레임을 강화하는 결정적 계기가 된 것은 국정원 2차장 홍장원의 '정치인 구속 명단 메모'였다.

홍장원의 메모에는 윤 대통령이 "싹 다 잡아들이라"는 지시를 내렸다는 내용이 포함되어 있었고, 이를 근거로 검찰과 공수처가 본격적으로 내란 수사에 착수했다.

그런데 홍장원의 메모에 한동훈의 이름이 포함되어 있었다. 이는 한동훈계 의원들 중 십여 명이 탄핵에 동조하는 계기가 되었고, 이 과정에서 왜 한동훈의 이름이 거명되었는지에 대한 의혹이 제기되고 있다.

4. 공수처의 불법적인 체포 및 수사 과정

공수처는 내란죄 수사권이 없음에도 불구하고 윤 대통령을 강제로 수사했다. 여기에 더해 불법적인 방법으로 체포영장을 발부받으며 절차적 정당성을 무시했다.

- 공수처는 원래 서울중앙지방법원에서 영장을 받아야 하지만, 서부지법에서 체포영장을 발부받아 '판사 쇼핑' 논란이 발생했다.

- 서부지법 이수영 판사는 형사소송법 110조, 111조를 배제한 체포영장을 발부하여 논란이 커졌다.

- 경찰 3,700명을 동원한 대규모 작전 끝에 윤 대통령을 체포했다.

- 이후에도 추가 구속영장을 청구하여 윤 대통령을 장기 구속시키려는 시도가 이어졌다.

※ 형사소송법 110조, 111조란?

◆ 형사소송법 제110조 (군사상 비밀과 압수)

- 군사상 비밀을 요하는 장소에서는 그 책임자의 승낙 없이는 압수 또는 수색을 할 수 없다.

- 다만, 국가의 중대한 이익을 해하는 경우가 아니라면, 책임자는 승낙을 거부할 수 없다.

◆ 형사소송법 제111조 (공무상 비밀과 압수)

- 공무원 또는 공무원이었던 자가 보관하는 물건이 직무상 비밀에 해당하는 경우, 본인이나 해당 공무소가 비밀 사항임을 신고하면 상급기관의 승낙 없이는 압수할 수 없다.

- 다만, 국가의 중대한 이익을 해하는 경우가 아니라면, 승낙을 거부할 수 없다.

공수처는 이 두 가지 조항을 배제하여 대통령에 대한 강제 수사를 진행했으며, 군사 및 공무상 비밀 보호 절차를 무시하고 수사를 강행한 것이 절차적 정당성을 훼손했다는 논란을 불러일으키고 있다.

5. 경찰 지휘부 구속의 배경과 배후 세력 의혹

윤 대통령 탄핵 과정에서 경찰청장과 서울경찰청장이 갑자기 구속되는 초유의 사태가 발생했다. 그러나 이들이 구속된 경위가 명확하게 밝혀지지 않았으며, 이를 지시한 인물이 누구인지에 대한 의문이 제기되고 있다.

- 행안부 장관도 면직된 상황에서 경찰을 통제할 조직이 없었음.
- 경찰청장과 서울경찰청장이 구속된 배경과 지시한 인물이 누구인지에 대한 의혹이 커지고 있다.

6. 탄핵소추안에서 '내란' 조항 삭제 의혹

윤 대통령 탄핵안은 민주당이 중심이 되어 발의했지만, 탄핵소추안에서 내란 관련 조항이 삭제되는 이상한 일이 벌어졌다.

- 헌법재판소가 내란 조항 삭제를 권유했다는 의혹이 있음.
- 내란 혐의가 빠진 탄핵소추안은 사실상 법적 근거가 없는 문서가 되어버림.

- 그러나 국회에서는 탄핵 절차를 강행함.

이 과정에서 누군가가 헌법재판소에 개입하여 탄핵소추안에서 내란 혐의를 빼도록 조작했다는 의혹이 제기됨.

7. 한동훈의 배신과 정치적 의혹

한동훈은 윤 대통령을 변호하기는커녕, 오히려 탄핵 과정에서 중요한 역할을 하며 보수 세력을 분열시켰다.

- 원래 탄핵안은 야당 의석 수로는 가결이 어려웠으나,

- 한동훈이 탄핵 표결 과정에서 결정적 역할을 하며 표결이 다시 진행될 기회를 줌.

- 결과적으로 탄핵안이 통과되었고, 보수 세력은 정치적으로 큰 타격을 입음.

과거 한동훈은 법무부 장관 시절 대대적인 사정 정국을 이끌면서 보수 진영의 주요 인사들이 정치적으로 타격을 입었고, 이는 결국 보수의 내부 균열로 이어졌다.

또한, 총선 공천 실패로 보수당이 참패하는 결과를 초래했으며, 이번 탄핵 과정에서도 한동훈의 행보가 보수 세력의 분열을 가속화했다.
만약 이 사태로 인해 조기 대선이 이루어지고 이재명이 대통령이 된다면, 한동훈은 보수 역사상 가장 큰 배신자로 기록될 가능성이 크다.

8. 탄핵을 둘러싼 배후 인물과 정치 공작 의혹

이 모든 사태를 조종한 배후 세력과 관련된 의혹이 강하게 제기된다.

• 윤 대통령 탄핵, 공수처의 불법 체포, 경찰청장 구속, 한동훈의 배신 등이 서로 연결된 하나의 거대한 정치 공작이라는 의심이 있음.

• 누군가가 배후에서 기획, 조정하며 대한민국의 민주주의를 파괴하려 하고 있다는 의혹이 커지고 있음

결론

윤 대통령에 대한 탄핵 사태는 여러 가지 의혹을 남기고 있다. 단순한 정권 교체가 아니라, 조직적이고 치밀한 정치 공작이 개입된 사건일 가능성이 제기된다. 이 과정에서 대한민국의 법치주의와 민주주의가 훼손되고 있으며, 이를 둘러싼 여러 의문점이 풀리지 않고 있다.

이제 중요한 질문이 남는다.
"이 거대한 정치 공작을 조종한 인물과 세력은 누구인가? 대한민국을 무너뜨리려는 세력의 정체는 무엇인가?"

이 의혹을 명확히 밝히지 않는다면, 대한민국의 미래는 더욱 불투명해질 것이다.

박근혜 탄핵 vs 윤석열 탄핵 – 무엇이 다른가?

윤석열 대통령 탄핵을 둘러싼 논란이 커지면서, 박근혜 전 대통령 탄핵과의 차이점이 주목받고 있다. 두 탄핵 사건 모두 한국 현대 정치에서 중대한 사건이지만, 탄핵 사유, 법적 근거, 정치적 맥락, 헌재 심리 과정에서 큰 차이를 보인다.

1. 탄핵 사유 및 법적 쟁점의 차이

	박근혜 전 대통령 탄핵(2016~2017)	윤석열 대통령 탄핵(2024~2025)
탄핵사유	'최순실 국정농단 사건'(비선 실세 개입, 권력 남용, 기업 강압 등)	'비상계엄 선포 및 내란 혐의'
주법적 쟁점	– 대통령이 비선 실세(최순실)에게 국정 운영을 맡겨 헌법상 직무를 위반했는가? – 대기업에 재단 출연을 강요하며 뇌물을 받았는가?	– 비상계엄 선포가 내란죄에 해당하는가? 대통령이 국회의원 체포를 지시했는가? (증언 신빙성 문제)
주요 증거	– 태블릿 PC (최순실의 국정 개입 정황) – 삼성·롯데 등 대기업과의 대가성 금품 거래 증거	– 홍장원 전 국정원 1차장의 '정치인 체포조' 메모 (허위 가능성 제기) – 곽종근 전 특전사령관의 '국회의원 끌어내라' 진술 (번복됨)
헌재판결 핵심 논리	"헌법 수호의 관점에서 대통령의 중대한 법 위반이 인정된다."(국민의 신임을 저버린 점이 결정적)	현재 진행 중(탄핵 사유가 내란죄로 인정될지가 핵심 쟁점)

◆ 핵심 차이점 :

• 박근혜 탄핵 : 국정농단 사태를 이유로 헌법재판소가 탄핵을 인용함

• 윤석열 탄핵 : 비상계엄 선포 및 내란 혐의를 탄핵 사유로 삼았으나, 핵심 증거(홍장원 메모, 곽종근 진술)의 신빙성이 흔들리고 있음.

2. 정치적 상황과 여론의 차이

	박근혜 탄핵	윤석열 탄핵
국민 여론	– 탄핵 찬성 여론 70~80%(광화문 촛불집회, 대규모 반정부 시위)	– 탄핵 찬반 여론이 양분됨 (보수층 결집, 역풍 가능성)
정당의 태도	– 당시 여당(새누리당)도 탄핵 찬성 (배신 표결 다수)	– 국민의힘이 탄핵 반대, 민주당이 주도
국회 내 의석 수	– 탄핵 당시 여소야대 국면 (야당+탈당파가 과반)	– 현재 민주당이 다수당이지만 국민의힘이 결집
정치적 맥락	– 최순실 사태로 국정 운영 불가능	– 계엄 선포 후 정치적 공방, 윤 대통령 구속

◆ 핵심 차이점 :

• 박근혜 탄핵은 초당적인 탄핵이었으며, 여론도 강하게 형성됨.

• 윤석열 탄핵은 민주당 주도로 강행된 탄핵이며, 찬반 여론이 팽팽함.

3. 헌법재판소의 심리 과정 차이

	박근혜 탄핵 (2016–2017)	윤석열 탄핵 (2024–2025)
탄핵심판 진행 기간	92일 (2016.12.9 ~ 2017.3.10)	진행 중 (2024.12.6 ~ ?)
핵심 증인 신뢰성	– 최순실, 안종범 등의 증언이 일관됨. – 물증(태블릿 PC, 재단 관련 자료)이 강력한 증거 역할.	– 홍장원·곽종근 등의 진술 번복, 메모 조작 가능성 제기.핵심 증거가 신빙성을 잃고 있음.
헌재 결정 가능성	8:0 전원 찬성으로 탄핵 인용	증거 불충분 시 탄핵 기각 가능성 있음

◆ 핵심 차이점 :

- 박근혜 탄핵 : 법적 증거가 강했고, 헌재가 전원일치로 탄핵 인용.

- 윤석열 탄핵 : 핵심 증거 신빙성 논란으로 인해 기각 가능성이 존재.

4. 탄핵 이후의 전망

	박근혜 탄핵 이후	윤석열 탄핵 이후 가능성
대통령 거취	− 헌재 판결 후 파면 → 대선 실시 → 문재인 당선	− 탄핵 인용 시 : 조기 대선 가능성 (민주당 유리) − 탄핵 기각 시 : 윤 대통령 복귀, 역풍 가능성
정당별 영향	− 새누리당 붕괴 → 보수 정당 분열 (자유한국당 · 바른정당 분리)	− 탄핵 인용 시 : 국민의힘 분열 가능성 − 탄핵 기각 시 : 민주당 타격, 보수층 결집

◆ 핵심 차이점 :

- 박근혜 탄핵 : 보수정당이 무너지고, 문재인 정부가 출범.

- 윤석열 탄핵 : 헌재가 기각할 경우, 윤 대통령이 정치적으로 반격할 가능성이 큼.

결론 : 윤석열 탄핵은 박근혜 탄핵과 다르게 기각 가능성이 존재

1. 탄핵 사유가 박근혜 탄핵과 비교해 불명확하다.

- 박근혜 탄핵은 헌재가 국정농단을 '중대한 헌법 위반'으로 판단했지만, 윤석열 탄핵은 핵심 증거가 흔들리면서 내란죄 혐의가 설득력을 잃고 있음.

2. 국민 여론이 양분되고 있다.

• 박근혜 탄핵은 국민적 공감대가 강했지만, 윤석열 탄핵은 탄핵 찬반 여론이 팽팽히 맞서고 있음.

3. 헌법재판소가 기각할 가능성이 있다.

• 증거가 불확실한 상태에서 헌재가 탄핵을 인용하면, 사법적 논란을 초래할 가능성이 큼.

4. 탄핵 기각 시 민주당이 역풍을 맞을 수 있다.

• 박근혜 탄핵은 보수 정당이 무너졌지만, 윤석열 탄핵이 기각되면 민주당이 정치적 타격을 받을 가능성이 큼.

윤석열 탄핵소추안에서 삭제된 '가치외교' 비판
-민주당의 본심인가, 전략적 후퇴인가?

1. '가치외교' 논란 : 1차 탄핵안의 핵심 내용

윤석열 대통령의 1차 탄핵소추안(2월 4일 발의)에는 민주당이 외교 정책을 비판하며 다음과 같은 내용이 포함되었다.

◆ 1차 탄핵안 원문 중 '가치외교' 관련 내용

"소위 가치외교라는 미명하에 지정학적 균형을 도외시한 채 북한·중국·러시아를 적대시하고, 일본 중심의 기이한 외교정책을 고집하며 일본에 경도된 인사를 정부 주요 직위에 임명하는 등의 정책을 펼침으로써 동북아에서 고립을 자초하고 전쟁의 위기를 촉발시켜 국가 안보와 국민 보호 의무를 내팽개쳐 왔다."

이 문구에서 윤석열 정부의 외교 노선을 '북·중·러 적대, 친일 외교'로 규정한 점이 핵심이다. 즉, 민주당은 윤석열 대통령이 일본과의 협력을 강화하면서, 북한·중국·러시아와의 관계를 악화시키는 외교정책을 펼쳤다고 비판한 것이다.

2. 미국과 한국 국민의 반응 – 민주당의 본심이 드러난 순간

≫ 미국 정가의 우려

에반스 리비어 (전 미 국무부 동아태 담당 수석 부차관보)

"탄핵 결의안을 보면 일본, 미국과 3국 협력을 추진했다고 윤 대통령을 직접 공격한 부분이 있다. 이는 매우 충격적이다."

미국 국무부 대변인

"우리는 한국의 민주적 제도와 절차가 헌법에 따라 완전하고 적절하게 작동하기를 계속 촉구한다."

≫ 한국 내 반응

- 보수 진영에서는 민주당이 '북·중·러와의 관계를 우선시하며 미국과 일본과의 협력을 약화시키려는 본심을 드러낸 것'이라고 평가했다.

- 중도층에서도 "탄핵 사유에 '가치외교'라는 외교적 노선을 문제삼는 것이 적절한가"라는 의문이 제기되었다.

□ 결론 : 미국과 한국 국민 모두, 민주당이 삭제한 '가치외교' 내용이 그들의 본심이라고 판단했다.

　- 즉, 민주당은 윤석열 정부의 외교정책을 탄핵 사유로 삼을 만큼 반미·친중 성향을 지니고 있다는 의심을 스스로 자초했다.

3. '가치외교' 삭제 – 여론의 눈치를 본 전략적 후퇴?

≫ 2차 탄핵소추안(2월 13일 발의)에서 '가치외교' 삭제

민주당은 2차 탄핵안에서 '가치외교' 관련 내용을 완전히 삭제했다.

삭제 이유 :

- 미국의 강한 반발을 예상했기 때문

- 국내 중도층을 의식하여 외교 이슈를 탄핵 사유로 넣는 것이 부담되었기 때문

그러나 '삭제했다'는 것은 '생각을 바꿨다'는 것이 아니다.
– 즉, 민주당은 여전히 윤석열 정부의 가치외교를 반대하지만, 여론의 반응을 보고 이를 탄핵 사유로 내세우지 않기로 한 것이다.

4. 민주당의 '친중·친북·친러' 노선이 드러난 순간

◆ **탄핵안에 포함된 '가치외교' 비판은 민주당의 이념을 드러낸 것이다.**

- 한미일 협력과 한미동맹을 부정하는 민주당의 속내를 노출한 사건

- 민주당은 윤석열 정부가 미국·일본과 협력하는 외교를 펼친 것을 문제 삼았으며, 이는 결과적으로 친중·친북·친러 성향을 반영한 것

◆ **미국이 민주당을 '반미 정당'으로 인식할 가능성이 커짐**

- 미국은 한국 내 '반미 세력'과 거리를 두려 할 가능성이 높아졌으며, 민주당이 집권할 경우 한미 관계가 약화될 것이라는 우려가 제기됨

- 특히 바이든 행정부는 윤석열 정부의 한미일 협력 노선을 강하게 지지했으며, 민주당이 이를 탄핵 사유로 삼았다는 것은 미국과의 외교적 충돌 가능성을 내포

◆ 민주당의 외교 노선은 '반미·친중·친북'으로 해석될 수밖에 없음

- 북·중·러와의 관계를 우선시하고, 한미일 협력을 적대적으로 보는 시각이 반영됨

- 외교정책을 탄핵 사유로 삼으려 한 것은 민주당이 '대한민국의 외교 주권을 북·중·러에 유리한 방향으로 돌리려 한다'는 인식을 심어줄 수 있음

□ 결론 : '가치외교' 삭제는 민주당의 본심을 감춘 것일 뿐, 철회한 것이 아니다.

◆ 민주당은 '한미일 협력 반대, 친중·친북·친러 외교 지향'이라는 이념을 숨기려 했지만, 1차 탄핵안에서 본심이 드러났다.

◆ 미국과 한국 국민은 '가치외교' 비판이 민주당의 본심이라고 보고 있으며, 민주당이 탄핵을 통해 외교정책까지 개입하려 했다는 점이 확인되었다.

◆ 결국 '가치외교' 논란은 민주당이 정치적 탄핵을 시도했다는 비판을 받을 근거가 되며, 미국과의 관계에서도 민주당에 대한 신뢰를 약화시킬 수 있다.

◆ 친중·친북·친러 노선을 지지하는 민주당의 정체성이 탄핵소추안을 통해 적나라하게 드러났으며, 이는 향후 외교·안보 논란의 주요 이슈가 될 가능성이 크다.

내란죄 프레임, 무너졌다!

헌법재판소에서 진행 중인 윤석열 대통령 탄핵 심판 과정에서 핵심 증거로 제시된 홍장원 전 국가정보원 1차장과 곽종근 전 육군 특수전 사령관, 여인형 전 국군방첩사령관의 증언이 번복되면서, 내란죄 프레임이 사실상 붕괴되었다.

1. 홍장원의 '조작된 메모', 신뢰성 상실

홍장원 전 국가정보원 1차장은 탄핵소추의 핵심 증거로 윤 대통령이 "싹 다 잡아들여"라고 지시했다는 메모를 제시했다. 하지만 헌법재판소에서 진행된 변론 과정에서 해당 메모의 신빙성이 크게 흔들렸다.

(1) 홍장원의 초기 주장

홍 전 차장은 2024년 12월 6일 탄핵소추안이 발의되던 당시, 다음과 같이 증언했다.

"윤 대통령으로부터 방첩사와 협력해 한동훈 대표를 체포하라는 지시를 받았다."(2024년 12월 6일 언론 인터뷰)

또한, 그는 윤 대통령의 지시에 따라 여인형 전 국군방첩사령관에게 전화해 정치인 체포조 명단을 전달받았고, 이를 메모로 남겼다고 주장했다.

"홍장원 1차장이 방첩사령관과 통화할 때 목소리를 크게 하니까, 옆에서 보좌관이 받아적었다. 홍 차장이 뭐라고 누구누구 하니까 옆에서 비서가 받아적은 메모다. 이게 유일한 물증"(박선원 더불어민주당 의원, 2024년 12월 12일 김어준 유튜브 방송)

(2) 헌재에서 밝혀진 진실

그러나 2025년 2월 4일 헌법재판소 5차 변론기일에서 홍 전 차장은 메모 작성 경위에 대해 이전과 다른 진술을 했다.

"대통령과 통화할 때 목적어가 없어서 누구를 잡아들여야 할지 전달받지 못했다."(2025년 2월 4일 헌재 변론기일)

또한, 메모 작성 과정에 대해서도 기존 주장과 달리,

"방첩사령관이 명단을 불러주는데 당시 국정원장 관사 입구에 있는 공터에 서서 제 포켓에 있던 메모지에다가 적었다. 막 쓴 메모를 보고 제 보좌관이 정서로 옮겨 적은 것."(2025년 2월 4일 헌재 변론기일)

즉, 홍 전 차장이 주장했던 메모의 원본이 존재하지 않으며, 최종 문서는 본인이 직접 작성한 것이 아니라 보좌관이 다시 쓴 것임이 밝혀졌다. 이 과정에서 일부 문구가 조작되었을 가능성이 강하게 제기되면서 메모의 신빙성이 심각하게 흔들렸다.

윤 대통령 측은 이에 대해 강하게 반박했다.

"제가 홍 전 차장에게 전화한 것은 계엄 사무가 아닌 간첩 검거 관련이었다.""국정원은 수사권이 없고 위치 추적도 할 수 없다. 방첩사령관이 그런 것을 모를 리가 없고, 말이 안 된다."

또한, 문제가 된 메모에는 이재명 더불어민주당 대표와 한동훈 당시 국민의힘 대표 등 체포 대상 명단과 함께 "검거 요청(위치 추적)", "축차(逐次) 검거 후 방첩사 구금 시설에 감금 조사"같은 문구가 포함되어 있었다. 하지만, 윤 대통령이 실제로 이런 지시를 했다는 증거는 확인되지 않았다.

2. 곽종근의 '국회의원 끌어내라' 진술 번복

곽종근 전 육군 특수전사령관은 윤 대통령이 "국회의원을 끌어내라"고 지시했다고 주장하며, 탄핵소추안이 통과되는 데 결정적인 역할을 했다. 그러나 헌법재판소에서 곽 전 사령관은 자신의 진술을 번복했다.

(1) 곽종근의 초기 주장

곽 전 사령관은 초기 진술에서 다음과 같이 증언했다.

"윤 대통령이 국회 내에 있는 인원들 밖으로 끄집어내라. 문을 부수고 들어가서 끄집어내라."(박범계 민주당 의원, 2024년 12월 10일 국방위)

"(대통령이 전화해 국회의원들을 끌어내라고 한 것 맞나?) 네. 맞다." (곽 전 사령관, 2025년 1월 22일 국조특위)

(2) 헌재에서 밝혀진 진실

그러나 헌재에서의 증인 신문 과정에서 곽 전 사령관은 자신의 증언을 스스로 뒤집었다.

"('국회의원'이란 말은 안 했나?) 안에 있는 '인원'이라고 들었다."(2025년 2월 6일 헌재 변론기일)

즉, 윤 대통령이 국회의원을 직접 언급한 것이 아니라, '현장에 있는 인원을 철수시키라'는 지시였을 가능성이 크다는 점이 밝혀졌다.

또한, 곽 전 사령관은 추가로 다음과 같이 진술했다.

"의사당 내 국회의원을 끌어내라"는 취지의 지시도 '의원 → 사람 → 인원'으로, '데리고 나와라 → 끄집어내라'로 계속 바뀌고 있다.

결국 변론기일에서 곽 전 사령관은 정형식 헌법재판관으로부터 "증인이 반대신문에서 진술이 좀 달라진다"는 지적까지 받았다.

3. 내란죄 프레임, 90% 무너졌다

홍장원의 메모는 신뢰를 잃었고, 곽종근과 여인형의 증언은 스스로 번복되었다. 이로 인해 윤 대통령을 내란죄 수괴로 몰아붙이려던 프레임이 사실상 붕괴되었다.

법조계에서는 다음과 같은 평가가 나오고 있다.

"비상계엄 선포가 위법 소지가 있을 수는 있지만, 이를 내란죄로 몰아붙이는 것은 무리한 주장이다."
"전 세계적으로도 계엄을 이유로 내란죄로 처벌한 사례가 없다."

탄핵 심판이 진행될수록, 내란죄 프레임이 조작되었음이 드러나고 있으며, 이를 주도한 민주당과 이재명이 역풍을 맞을 가능성이 커지고 있다.

이제 남은 것은 헌법재판소의 판단이다.
거짓된 프레임으로 대통령을 탄핵할 수 없다면, 헌재는 정의를 바로 세워야 한다.

〈아직 남아 있는 5명의 헌법재판관에게 법적양심을 촉구한다.〉
부제 : 최악의 사법카르텔, 우리법연구회

한경주 변호사_ 경제민주화시민연대 상임대표

1. 방통위원장 탄핵기각과 그 의미

지난달 23일 이진숙 방통위원장에 대한 탄핵소추가 기각되었다.

국회의 탄핵소추 요지는 이 위원장이 방송통신위원회 법정 인원인 5인 중 2인의 방통위원만 임명된 상황에서 KBS와 MBC 대주주 방송문화진흥회 이사 선임안을 의결한 행위가 방통위법 위반이라는 것이다.

그런데 방통위법은 '재적 위원 과반수의 찬성으로 의결한다'고 정하고 있다. 재적위원이란 그 문의상 당연히 현재 임명되어 있는 방통위원을 의미한다.

국회 측 주장은 '재적 위원'이란 법으로 정해진 5명의 상임위원이 모두 임명된 것을 전제하므로 의결을 위해서는 5인의 과반수인 3인 이상 필요하다는 것인데, 이는 문의와 명백히 어긋난 해석이다. 문의에 반하는 해석을 하는 것은 원칙적으로 허용되지 않고 입법자의 취지와 문의가 다른 것이 명백하거나 법률 자체가 헌법에 위반되는 등 매우 예외적인 경우에 한하여 허용된다.

그런데 민주당은 문의를 무시하면서까지 그렇게 해석해야만 방송의 정치적중립성이 보장된다는 등의 억지논리로 단 이틀 근무한 사람을 탄핵소추한 것이다. 졸속으로 소추한만큼 법적 근거 자체가 매우 빈약한 소추안이었다.

놀라운 것은 헌법재판관의 의견이 인용의견 4인 기각의견 4인으로 팽팽하게 갈렸다는 점이다.

납득이 어려운 소추안에 인용의견을 내었다는 것은 소신에 따른 법적판단을 하고 있지 않고, 이미 결론을 정해놓고 있을 가능성이 높다는 얘기이다. 인용의견을 낸 재판관은 문형배, 이미선, 정계선, 정정미 재판관이다.

이 중 정정미 재판관을 제외한 3명은 우리법연구회(국제인권법학회 포함) 출신이다. 헌법재판관 8명 중 3명이나 우리법연구회 출신이다. 그리고 민주당이 기를 쓰고 임명하려고 했지만 실패한 마은혁 역시 우리법연구회 출신이다.

2. 우리법연구회의 실체

우리법연구회는 어떻게 만들어졌을까?

1985년 박시환 판사가 진보성향 불법시위 대학생 11명 모두 무죄 방면했다가 1988년 영월지원으로 좌천된 바 있다. 이에 진보성향 판사들이 반발하여 사법부 고위직 교체하자고 성명내고 연서를 냈는데 이를 이른바 2차 사법파동이라고 부른다. 2차 사법파동에 대한 책임을 지고 당시 대법원장이 결국 사임했고, 이들이 모여서 만든 조직이 우리법연구회이다.

초대회장은 박시환이고, 박시환은 나중에 대법관 자리에 오르게 된다. 창립멤버 중 한명이 전 법무부장관인 강금실이다.

우리법연구회 출신들은 자칭 법관들이 참여하는 학회 내지는 연구모임일 뿐이라고 주장하지만, 처음 조직될 때부터 우리법연구회는 학술연구보다는 정치적 결사에 가까운 성격이었다.

이들은 설립 이후 매달 세미나 등을 열고 적극적으로 활동하였으나, 2010년 사법부 내 사조직이라는 비판을 받고 일단 공식적으로는 해체한다고는 하였으나 2017년에 우리법연구회 논문집이 발간된 것을 보면 실제로는 물밑에서 계속 활동하고 있다.

우리법연구회는 표면상 해체한 다음해인 2011년에 대놓고 그 후신인 국제인권법연구회를 만들고, 그 초대 회장으로 우리법연구회 출신 김명수를 앉힌다. 전 대법원장 김명수 맞다.

이들이 가장 많았을때 120명이었고, 판사 전체수 3200명 전체의 3% 정도에 불과했다. 국제인권법연구회 시절에는 더 세를 늘려 전체 판사수의 15%까지 이르렀다.

이들이 세를 늘릴 수 있었던 가장 큰 이유는 사법부 내의 유일한 사조직이었다는 것이다. 다른 사조직이 없는 사실상의 무주공산에서 소수의 사조직도 이른바 승진을 원하는 판사들에게는 큰 매력이 될 수 있었고, 점점 더 숫자가 늘면서 서로 끌어주고 밀면서 큰 힘을 발휘할 수 있었던 것이다.

3. 우리법연구회의 사법부 장악

이들이 사법부를 실질적으로 장악한 시점은 문재인 대통령이 김명수를 대법원장으로 앉히면서부터이다. 김명수는 이미 무혐의로 결론난 사법농단 사건을 재수사했다. 이 과정에서 양승태 전 대법원장이 구속되고, 관련 판사들이 대거 사직하거나 좌천되었다. 김명수는 그로 인해 비게 된 요직에 우리법연구회 또는 국제인권법학회 출신 판사들로 전부 채워 넣었다. 양승태 전 대법원장은 혐의 47개에 대하여 결국 무죄판결을 받았지만, 그 때는 우리법학회가 이미 사법부를 장악한 뒤였다.

2017년말 김명수가 임명한 대법관후보추천위원회에 법관 10명이 포함됐는데, 그 중 국제인권법학회 출신이 7명, 우리법연구회 출신1명, 같은 계열인 젠더법 연구회 출신이 1명이었다.

그 결과 문재인 대통령 재임시절에 대법관 14명 중 7명, 헌재재판관 9명 중 5명이 우리법연구회 출신이었다.

이후 정권이 바뀌었음에도, 현재 대법관 14명 중 5명, 헌재재판관 8명 중 3명이 우리법연구회 출신이다.

4. 탄핵정국에 우리법연구회가 발휘한 위력

탄핵정국에 우리법연구회가 얼마나 막강한 위력을 발휘하고 있는지 살펴보면,

① 윤석열 대통령을 체포한 오동운 공수처장도 우리법연구회 출신이다.

② 특히, 오동운은 의도적으로 관할을 위반하여 서부지법에 체포영장을 신청하였는데, 그에 응해 체포영장을 발부한 서부지법 이순형부 장판사도 우리법연구회 출신이다.

③ 탄핵심판을 하고 있는 헌법재판관 8명 중 3명이 우리법연구회 출신이다.

④ 심지어 민주당이 기를 쓰고 헌법재판관으로 임명하려는 마은혁도 우리법연구회 출신이다.

5. 최악의 사법카르텔, 우리법연구회

우리법연구회 출신들의 무서운 점은 내부에서 방향이 정해지면, 이미 결론을 정해놓고, 헌법과 법률에 반하는 판단을 거리낌 없이 내린다는 점이다.

① 우리법연구회 출신 서부지법 이순형 부장판사는 윤대통령에 대한 체포영장을 발부하면서 어떠한 법적근거도 없이 형사소송법 110조(군사상비밀) 111조(공무상비밀) 적용에 예외를 자의적으로 두었는데, 이에 대한 어떠한 근거도 없다.

② 우리법연구회 출신 오동운 공수처장 역시 그 체포영장을 청구한 공수처에 수사권한이 있는지 여부에 대한 법적 판단 자체도 없이 수

사를 강행했고, 배당 및 발부와 관련하여 우리법학회 출신이 포진해 있는 서부지법에 의도적으로 청구했다.

③ 우리법연구회 출신 헌법재판관 이미선은 최근 열린 헌법재판소의 윤석열 대통령 탄핵심판을 위한 준비기일에서 피고발인 측과 아무런 협의도 없이 무단으로 변론 기일을 5회 정했으며, 특히 수사 중인 사건 기록을 요구했다.

헌법재판소법 제32조는, "재판부는 결정으로 다른 국가기관 또는 공공단체의 기관에 심판에 필요한 사실을 조회하거나, 기록의 송부나 자료의 제출을 요구할 수 있다. 다만, 재판 소추 또는 범죄수사가 진행 중인 사건의 기록에 대하여는 송부를 요구할 수 없다."라고 규정하고 있다. 이미선 헌법재판관은 이로 인해 '위계에 의한 업무방해' 혐의로 고발됐다.

④ 우리법연구회 출신 헌법재판관 정계선의 남편은 황필규 변호사이고, 그가 소속된 재단법인의 이사장인 김이수가 탄핵소추대리인으로 참여하고 있는데, 그와 관련한 기피신청은 기각되었다.

⑤ 윤대통령은 비상계엄권을 발동한 근거로 부정선거를 들고 있는데도, 우리법연구회 출신 헌법재판관들을 중심으로 부정선거에 대한 변론은 탄핵심판과 관련이 없다는 이유로 의도적으로 막고 있다. 참고로 국정원 조사결과 통합선거인명부가 조작 가능하고 투표지 도장까지 해킹 가능한 점이 밝혀진 상황이고, 접힌 자국 없는 투표용지 이른바 '형상기억종이 사건' 등 유의미한 근거들을 제시하였다. 투표지 수와 통합선거인명부가 일치하는지 여부는 반드시 검수해보아야 할 중대한 부분

이고, 해외 다수의 나라에서도 그 불일치를 근거로 선거를 무효로 판결한 바 있다. 대한민국 선관위는 통합선거인명부를 분석 불가한 상태로만 제출하고 있는데, 헌법재판소는 아무런 조치도 취하지 않고 있다.

⑥ 특히, 이와 관련하여 탄핵소추인단은 대법원의 판결이 이미 나온 사안이고 이를 따라야 한다고 주장하고 있으나, 위 판결 당시 대법원은 대법관 14명 중 7명이 우리법연구회 출신이던 시절이다.

선거 소송은 대법원 단심으로 진행되며 제기 180일 안에 결론을 내리는 게 원칙이다. 이전 선거의 경우 대법원은 필요한 경우 선거 소송이 제기된 지 2, 3개월 안에 재검표를 진행했다. 1992년 임채정 후보가 제기한 선거 소송 재검표도 역사상 가장 늦었다고 하지만 118일만에 실시됐다.

공직선거법 제225조에 따르면 180일 이내에 선고를 해야하는데, 우리법연구회 7명이 포진한 대법원은 2020년 415총선을 1년 2개월만에 재검표하였다.

대법원 스스로 법절차를 위반하면서 적법한 판단이 가능한가? 악법도 법이고, 문제있는 판결도 따라야 하지만 이런 위법한 절차에 의한 판결을 다른 재판에서 그대로 따르는 것은 다른 문제이다.

이처럼 윤대통령의 수사, 체포, 탄핵심판의 진행과정을 살펴보면, 어떻게 사법부의 3%에 불과한 우리법연구회 출신들이 길목길목마다 포진하고 있는지 너무나 신기할 따름이다. 이를 우연으로 치부할 수 있을까?

6. 결어

역사를 되짚어보면, 전두환이 1979년 군대 내 사조직인 하나회를 바탕으로 쿠테타를 일으켰을 때, 군대 내의 요직을 하나회가 장악하고, 요충지와 길목마다 자리잡고 전두환의 부름과 기대에 부응했다.

2025년 윤대통령의 탄핵과 이후 대선으로 가는 길목에서는 우리법연구회가 사법부를 장악하고, 이재명의 부름과 기대에 부응하려고 하고 있다.

사실 우리법연구회 출신 3명의 헌법재판관에게는 기대하는 바가 전혀 없다.
하지만 나머지 5명의 헌법재판관에게는 법관으로서의 양심을 회복하고, 역사의 죄인이 되지 않을 기회가 남아 있다.

결론을 정해놓고 부역자 역할을 자청하는 위 3명의 재판관들에게 농락당하지 않고, 스스로의 법적 소신과 법적 양심에 따라 옳은 결정을 할 기회가 아직 남아 있다.

헌법재판소는 헌법에 근거하여 설치된 헌법기관이다.
헌법재판소는 헌법 위에 군림하는 기관이 아니고, 헌법과 법률 아래에 있는 기관이다.
만인은 법 앞에서 평등하고, 헌법재판소 역시 그 예외가 아니다.
헌법과 법률을 수호하기 위하여 설치된 헌법재판소가 특정인이나 특정정당의 부역자가 되어서 헌법과 법률을 위반한다면, 그러한 헌법재판소는 폐지해야 마땅하다.

계몽령이 쏘아 올린

제 2의 건국전쟁

대통령께 드리는
헌정 노래

우리는 하나입니다.

홀로 걸었던 그 길 위의 무게
우린 너무 늦게야 알았습니다

대통령님, 얼마나 아프셨나요
그대의 희생이 이 나라를 지켜왔습니다

거친 바람속에서도 멈추지 않은 발걸음
우리는 이제서야 그 빛을 보았습니다

그대와 함께, 다시 일어서리라
희망의 불꽃이 우리를 감싸리라

눈물이 흘러도
멈추지 않겠습니다

대통령님, 우린
끝까지 함께 합니다.

거짓된 목소리가 세상을 덮어도
그대의 진심은 언제나 빛나고 있었습니다.
외로움 싸움속에서도 흔들리지 않은 용기
우리는 그 믿음을 따라갑니다

우린 기억하겠습니다
그대의 모든 순간
함께 걸어갈 이길 위에서

그대와 함께 다시 일어 서리다
희망의 불꽃이 우리를 감싸리라
눈물이 흘러도 멈추지 않겠습니다
대통령님, 우린 끝까지 함께합니다

어둠 속에서도 빛은 사라지지 않습니다
그대의 용기가 우리의 길을 밝혀줍니다

참전용사
아군과 적군

*문형배(헌법재판관) *이미선(헌법재판관)

*정계선(헌법재판관) *정정미(헌법재판관)

*김형두(헌법재판관) *마은혁(헌법재판관후보)

*오동운(공수처장) *우종수(국수본부장) *이순형(서부지법

영장판사) *신한미(서부지법 영장전담판사) *차은미(서부지방 판사)

*박세현(비상계엄특수본부장) *심우정(검찰총장) *김종인 *이준석(개

혁신당 국회의원) *한동훈(전 국민의힘 당대표) *오세훈(서울시장) "김태호

(의원) *배현진(국힘의원) *안철수(국힘의원) *김상욱 *조경태(국힘의원) *유승민

*유시민 *이재명(민주당국회의원) *박찬대(민주당국회의원) *정청래(민주당국회의원) *최

(민주당국회의원) *김민석(민주당국회의원) *김병주(민주당국회의원) *박선원(민주당국회

*박범계(민주당국회의원) *홍장원 (국정원 1차장) *곽정근 (전 특수사령관) *MBC *JTBC

*경향신문 *한겨레 *동아일보 *조선일보 *중앙일보 *김어준 *서울의소리 *매불쇼 *뉴스

*조갑제 *김진tv(논설의원) *문갑식tv *어벤저스전략회의 *신지호의 쿨톡

*매일신문 *스카이데일리TV *아투tv *진성호방송 *배승희 변호사 *신의 한수(신혜식대표)
*신인균국방tv *펜앤드마이크TV *이봉규TV *성창경TV *고성국TV *가로세로 연구소
(김세의 대표) *KNL 강용석 나이트 라이브 *인싸 it (강용석변호사) *공병호TV
*강신업TV (변호사) *전옥현 안보정론tv *최병묵의 FACT *송국건의 혼술TV *손상대TV2
*황태순TV *서정욱TV *김태우TV *TV김제구 *정광용TV *김광일쇼 *황장수의 뉴스
브리핑 *전원책 변호사 *전여옥 *양영태박사TV *이영풍 TV *이동재의 뉴스 캐비넷
*박주현TV *석동현 (변호사) *성재준 *서민 *전광훈TV (전광훈목사) *김채원 시사이다
*꽃보다전한길(전한길 한국사강사) *그라운드C (김성원) *젊은시각 *책 읽는 사자 채널
*신 남성연대(배인규대표) *BJ톨 *주옥순 TV *BANGMO 뱅모(유튜브) *정법전 TV
*진격의 변호사들 *팩맨TV *윤튜브 *이병준TV *양꾼TV *유동규'TV *목격자 K
*샤인튜브 *영상으로 보는 세상 (대한민국 평범한 회사원이 만드는 평범한 세상) *원영섭
변호사 *김사랑TV *이대남의 우회전 (김찬혁) *도련님열사 킬문6 *정의구현 박완석
(박완석TV) *홍철기Tv *우동균TV *천만혁명TV *암세로(sero) *차강석TV *보수감성TV
*최국장TV *이병준TV *계엄으로 계몽한 사람TV *학생의소리 TV 계엄은 계몽이다.
헌법위에 국민저항권이 있다. *Aforu 아포유 *뚝돌TV *하세비(전직 초등교사) *멸콩TV
*정성상TV *신행정탐정 *라이더우 *황교안(변호사) *김문수 (고용노동부장관) *나경원
(국민의힘국회의원) *윤상현 (국민의 힘 국회의원) *김민전(국민의 힘 국회의원) *민경욱
(전 국민의 힘 의원)

*정규제

광화문 대첩

탄핵무효

헌재는 들어라~

헌재는 들어라 너희들이 할 일
법으로 판단만 할 일
이미선! 이 위선!
너의 같잖은 사상 버리고
법과 원칙으로 판단해라
너의 양심이 어두워졌으니
이제 대한민국 국민
너에게 빛을 던져주겠다

이미선

헌재해체

stop the steel~

문형배

미국도 트럼프도
한국의 조작 선거 개입 들어간다
이제부터 역공 시작!
간첩들의 청소 시작!
공산당의 궤멸 시작!!

국회가 국회법을 어기고
헌재가 헌재법을 어기니

탄핵 무효!!
윤석열 복귀!!

내란죄 포함한 탄핵소추서
내란죄 빼니 껍데기만 남았네?
그럼 다시 투표해야지?
헌재법 40조 1항
위반하고 자기 맘대로
공판기일을 지정하네?
삼권 분립 어디 가고
민주당의 충성스런 똥개가 되어버린 헌재~

부정선거 아웃~

stop the steel~
stop the steel~

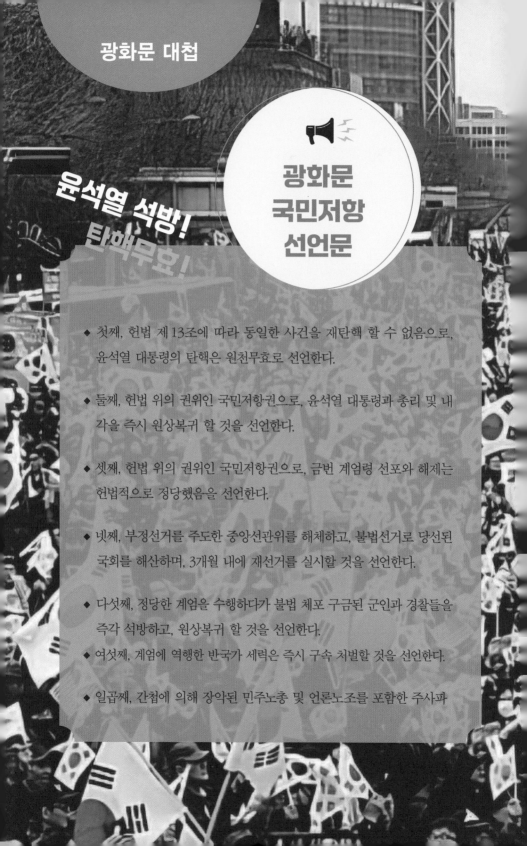

윤석열 석방!
탄핵무효!

광화문 국민저항 선언문

◆ 첫째, 헌법 제13조에 따라 동일한 사건을 재탄핵 할 수 없음으로, 윤석열 대통령의 탄핵은 원천무효로 선언한다.

◆ 둘째, 헌법 위의 권위인 국민저항권으로, 윤석열 대통령과 총리 및 내각을 즉시 원상복귀 할 것을 선언한다.

◆ 셋째, 헌법 위의 권위인 국민저항권으로, 금번 계엄령 선포와 해제는 헌법적으로 정당했음을 선언한다.

◆ 넷째, 부정선거를 주도한 중앙선관위를 해체하고, 불법선거로 당선된 국회를 해산하며, 3개월 내에 재선거를 실시할 것을 선언한다.

◆ 다섯째, 정당한 계엄을 수행하다가 불법 체포 구금된 군인과 경찰들을 즉각 석방하고, 원상복귀 할 것을 선언한다.

◆ 여섯째, 계엄에 역행한 반국가 세력은 즉시 구속 처벌할 것을 선언한다.

◆ 일곱째, 간첩에 의해 장악된 민주노총 및 언론노조를 포함한 주사파

세력을 철저히 척결할 것을 선언한다.

◆ 여덟째, 군인 경찰 검찰 공무원들은 정중동하되, 반국가세력자들은 즉시 체포, 처벌할 것을 선언한다.

◆ 아홉째, 윤석열 정부는 무능하고 계엄에 저항한 자들을 즉시 해임하고, 대한민국을 건국한 이승만 건국 대통령 정신과 박정희 대통령의 산업화 정신에 충실한 자들로 교체할 것을 선언한다.

◆ 열 번째, 거짓 선동으로 사회를 혼란시키는 반국가 언론과 유튜브를 제재할 것을 선언한다.

◆ 열한 번째, 국민들에게는 무한 자유와 일상 생활을 보장할 것을 선언한다.

◆ 열두 번째, 헌법 위의 권위인 국민저항권에 따라, 우리 국민저항 광화문 본부는 위의 사항이 관철될 때까지 계속 투쟁할 것을 선언한다.

부산 대첩

밟아 밟아
(Hiphop)
♫

밟아 밟아 공산당을 밟아

밟아 밟아 민주당을 밟아

밟아 밟아 찢재명을 밟아

밟아 밟아 민노총을 밟아

밟아 밟아 간첩들을 밟아

밟아 밟아 주사파를 밟아

밟아 밟아 반국가세력

밟아 밟아

이기자, 싸우자
싸우자, 이기자 ~

부정선거로 국회의원 된 이 범죄자들아

전과자들이 국회에서 법을 만드네?

입법독재자 국방비 예산삭감

초급간부 예산 삭감

원전 예산 삭감

청년 예산 삭감

아이 돌봄 예산 삭감

내란 없는 탄핵소추

자 이제 누가 내란범이지?

MBC, JTBC 그만 선동해

윤석열 대통령
탄핵 반대

이기자, 싸우자
싸우자, 이기자

탄핵 반대~

김진흥목사_ 부산대첩!!(탄핵반대 부산집회 2025-02-01)

로마서 8장 28절
하나님을 사랑하는 자 곧 그의 뜻대로 부르심을 입은 자 들에겐
모든 것이 합력하여 선을 이루느니라

계엄으로
청년들이 깨어났습니다. "이 나라의 자유 민주주의를 위해 나왔습니다."
한국교회가 깨어났습니다.
언론이 깨어났습니다.
시민들의 각성으로 부정선거가 밝혀지게 된 것입니다.
통일 한국시대 선진 한국시대가 열렸습니다.
친중 친북 세력이 드러났습니다.

전한길 (한국사강사)

"윤석열 대통령 탄핵 반대, 무조건 직무복귀 시켜 국가 시스템을 회복하는
것이 대한민국을 살리고 2030세대와 국민들을 살리는 유일한 대안"

"청년이 죽으면 민족이 죽는다고 도산 안창호 선생이 말했습니다.
2030 청년 여러분! 대한민국은 여러분들 덕분에 다시 일어날 것입니다."

양양가 ♪

인생의 목숨은 (草露)와 같고
조국의 앞날이 양양하도다

이 몸이 죽어서 나라가 산다면
아 아 이슬 같이 기꺼이 죽으리라
이 몸이 죽어서 나라가 산다면
아 아 이슬 같이 기꺼이 죽으리라

♫

인생의 목숨은 초로와 같고
조국의 앞날이 양양하도다

2030 청년여러분!

대한민국은 여러분들 덕분에
다시 일어날 것입니다

이 몸이 죽어서 나라가 산다면
아아 이슬 같이 기꺼이 죽으리라
이 몸이 죽어서 나라가 산다면
아 아 이슬 같이 기꺼이 죽으리라

전한길 (한국사 강사)

윤석열 대통령 탄핵 반대, 무조건 직무복귀 시켜
국가 시스템을 회복하는 것이 대한민국을 살리고
2030세대와 국민들을 살리는 유일한 대안"
"불의한 헌법재판관들이 이런 국민의 뜻을 거역한다면,
헌법 정신을 유린한 민족의 역적으로 남게 될 것"

그라운드C (정치 유튜버 김성원)

"윤석열 대통령 직무 복귀를 위해 100만명이
한자리에 모였다"
"윤석열 대통령은 야당의 폭압적이고 비합법적인
방법으로
탄핵당해 억울하게 누명을 썼다

광주 대첩

광주가 일어나면
대한민국이 뒤집힌다

이젠 내가 지킨다

폭력밖에 모르는 민노총 간첩들아
우리 아들 경찰 군인
응급실 보내니 속이 시원하냐?
이젠 니들이 응급실로 갈 차례
강간, 강도, 뇌물, 음주운전
범죄자 집단 민주당 법 지켜본 적 없잖아?
페미니스트 동성애 차별금지법 이제 지겨워
정상이 아니잖아
선조들의 피와 눈물로 세워진 이 대한민국
이젠 내가 지킨다
자유민주주의 대한민국 만세

대한민국 만세

🎵 아무도 나서지 않더라도 나는 결심한다.

내가 할게 내가 총대를 맨다
내가 나가 싸울게

총칼이 내게 닿을지라도
혼자 싸우는 내 모습을 보여주고 싶다
그걸 보고 모두가 눈을 뜨길 바란다

광주여 깨어나라!!

천안 대첩

천안대첩에서
전한길이 외쳤습니다

만약 헌법재판소가
대통령을 탄핵시킨다면
민주주의의 역적이며
제2의 을사오적으로
역사에 기록될 것

배신자들

배신자들

보수에 숨어든 배신자들
한줄기 빛도 없는 정치판
믿음은 깨지고 진실은 감춰
가면 뒤에 숨은 그들의 속삭임

♪

탄핵무효!

배신자들 배신자들 배신자들
가발 한동훈 좌파 김상욱
안철수의 기만 배현진의 거짓말
우리는 그들을 저주해
배신자들 그들의 이름을

...미널 앞, 尹 대...

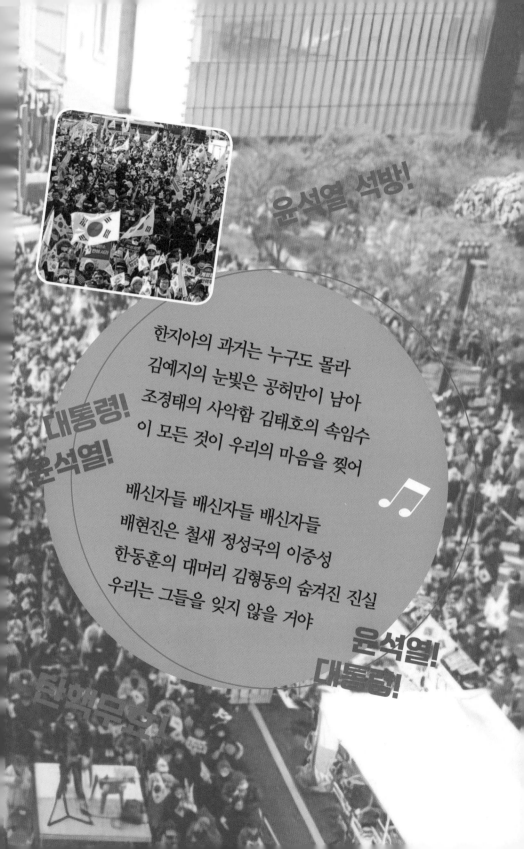

대전 대첩

~아 지금
눈물이 난다~
♪

부정선거 아웃

전하! 신에게는 아직 12척의 배가 남아 있습니다.

그 말이 처음엔 바보 같아 보였다.

멍청한 소리처럼 들렸다.

그저 무심히 고개를 끄덕이는 그런 평범한

말처럼 느껴졌다.

아 지금 눈물이 난다.

그냥 눈 감고 임기만 마치면 끝일 텐데

그냥 모른 척하며 지나가면 되는 거 아니겠어?

다들 그렇게 사는 거 아니겠어

세상은 그런 거라며

다 수긍하며 사는 거라며

부정선거 아

울산 대첩

탄핵무효!
헌재는 해체하라

하지만 아니야 그렇지 않아
아닌건 아닌 거다
1 더하기 1=2 다
진실은 진실이고 그건 바꿀 수 없다.
내가 죽더라도 진실을 밝히겠다
누가 안 한다면 내가 해야지

아무도 나서지 않더라도 나는 결심한다.
내가 할게 내가 총대를 맨다
내가 나가 싸울게

수원
대첩

찢재명 구속

대통령 국민변호인단 출정식

"국민이 부른 대통령 국민이 지킨다."

대통령 국민변호인단 출범 선언문

오늘 이 자리에서 우리는 윤석열 대통령께서 3년전 2월15일,
청계광장에서 출정식을 통해 선언하신 그 다짐을 다시금 되새긴다.

"부패를 심판하고, 국민위에 군림하는 시대를 끝내겠다"
자유 시민들은 그 외침에 화답했다. "국민이 키운 대통령 내일을 바꾼다"

그러나 우리는 어려운 현실에 직면했다.
민주당은 29번의 탄핵과 예산삭감, 입법 독재로 국정을 마비시키며
국민의 내일을 질식시켰다.
또한 타락한 이권정치는 여야를 가리지 않고 국민 위에 군림했다.
그래서 대통령은 국회의 패악질에 맞서 국가를 바로 세우고자 비상조치로 경고했다.
바로 법률전을 위한 메시지 계엄이다.

대통령은 외쳤다.
북한을 맹종하고 조작선동으로 여론을 왜곡하며, 사회를 교란하는 반국가 세력들이
여전히 활개치고 있다고. 이들은 민주, 인권, 진보로 위장해 대한민국의 자유민주주의를
훼손한다. 그러므로 대통령이 강조한 종북, 반국가세력 척결은 번영하는 대한민국을 위한
시대적인 싸움이다. 언론전과 이데올로기 전쟁에서 승리해야 하는 것이다.

대통령은 강조한다.
국민의 주권을 찬탈하는 부정선거와 그 배후의 국제 카르텔이 있음을.
이들은 사이버전과 정보전을 활용해 주권을 침해한다.
대한민국의 최고 권력인 주권은 국민에게 있기에 선거과정의 검증은
잃어버린 주권을 되찾는 싸움이다.

이처럼 사이버전, 법률전, 언론전, 이데올로기전, 정보전, 심리전 등
총칼 없는 현대의 전쟁이 바로 대통령이 강조한 '하이브리드 전쟁'이다.
이 총칼 없는 모든 위기 상황이 현대적 전시, 사변에 해당하는 비상사태인 것이다.
그래서 윤석열 대통령은 헌법상 권한으로 비상계엄을 선포해 싸우고자

했으며, 우리 자유 시민들은 대한민국을 바로 세우기 위한 대통령의
정당한 비상조치를 적극 지지한다. 특히 대한민국의 미래인 2030 청년들이
대통령과 함께 자유대한민국을 지키고자 전장으로 나섰다

오늘 대통령 국민 변호인단을 출범하며, 우리는 선언한다.
"자신이 어떻게 되더라도 자유민주주의가 바로 서야 한다"는 대통령이
홀로 싸우게 하지 않겠다고.

우리의 싸움은 보수, 진보의 문제를 넘어 자유대한민국과
종북. 반국가세력의 싸움이며, 진실과 거짓의 싸움이다.
진실은 용기 있는 자만이 비출 수 있는 바 우리는 종북. 반국가세력의 진실을,
부정선거의 진실을, 패악질을 일삼는 국회의 진실을 밝히고 알려 나갈 것이다.
우리는 오늘의 출범식을 시작으로 국민변호인단은 전 세대를 아우르는
자유를 향한 운동을 펼칠 것이며, 멈춤없이 나갈 것이다.

이승만 대통령의 말씀처럼 "뭉치면 살고, 흩어지면 죽을 것"이니,
자유를 염원하는 시민들은 모두 함께 통합하며 하나되어 일어서자.
우리 앞에 험한 물결이 몰아쳐도 우리는 윤석열 대통령과 손잡고
자유 대한민국을 바로 세울 것이다.

박정희 대통령은 말씀하셨다.
"자유는 그것을 위해 투쟁하는 자의 것이다. 중단하는 자는 승리하지
못한다" 그러므로 승리를 위해, 우리는 대통령을 지키고 자유대한민국을
변호할 것이다. 자유민주주의를 수호할 것이다.

대통령 국민변호인단 출범식에 모인 우리 모두는 하나된 대한민국,
통합된 자유시민, 번영하는 미래를 위해
윤석열 대통령과 함께 범국민적으로 싸워 나갈 것을
굳은 결의로 다짐하고 선언한다

2025년 2월 13일

"국민이 부른 대통령 국민이 지킨다"
-대통령 국민 변호인단 출범식 참가자-

저는 애국자가 아닙니다.

저는 애국자가 아닙니다.
언제부턴가 이 땅의 '민주'는 '공화'를 위협해 왔습니다.
우리 정치는 사회에 선행하며 '무얼 할지' 고민하지 않게 되었습니다.
사회에 후행하며, 가진 자원을 '어떻게 분배할지' 정하기에 급급했습니다.

다수의 의사 결정은 우리 사회를 이득보는 집단과 손해보는 집단으로 갈라 놓았고, 그렇게 모두를 이롭게 한다는 '공화 이념'이 민주적 권력에 의해 훼손됐습니다.

저는 이 반쪽자리 민주공화국을 헬조선이라 부르며 멸시해 왔습니다.
저는 이 나라가 싫었습니다.
그러나 저는 틀렸습니다.

민주적 권력 아래 용인되어 우리 사회 '공화'를 위협한 수많은 정책과 입법이, 사실은 반국가 세력의 이적 행위였습니다. 우리 사회는 민주적이지도 못했던 것입니다.

이것이 계엄을 통해 대통령이 국민께 알리고자 한 진실입니다.

대한민국은 '반쪽'자리도 아닌 '가짜'였습니다.
반국가 세력은 먼저 언론을 장악했습니다.

언론은 국민이 보낸 공정과 신뢰의 권위를 문화사상적 권력으로 치환하여 정보를 통제하고 여론을 호도했습니다.

그렇게 소수의 가해자는 온 사회를 침묵의 동조자로 만들며 국가를 병들게 했습니다. 세대간 분열을 야기하고 개인에게 자주적 성취 대신 정책적 의존을 종용하고 특정 집단의 차별과 피해 의식을 주입해 온 대한민국의 부끄러운 이력이 바로 반국가 세력의 증거입니다.

이 나라의 구성원은 눈부신 산업화와 자랑스러운 민주화세대, 그리고 반도 역사상 최고 수준 교육을 받은 청년 세대입니다.

오늘날 대한민국의 폐단은 애국민들의 민주적 의사 결정에서 비롯되지 않았습니다.

수십 년에 걸쳐 국가 시스템을 장악해 온 반국가 세력은 민주주의를 마비시켜 현직 대통령을 체포하기 이르렀습니다.

가짜 뉴스와 정치 공작을 일삼는 레거시 미디어는 이제 권위를 잃었습니다. 유튜브와 SNS가 진실을 유통하고 대통령 지지율은 과반이 넘었습니다. 탄핵 찬성집회와 탄핵반대 집회의 규모 차이는 수십배가 넘습니다. 가짜 뉴스는 신념을 만들지 못하기 때문입니다.

추운 겨울 시민들이 거리로 나온 이유는 본인이 옳다고 믿는 신념을 지키고 증명하기 위함입니다.

.

저는 애국자가 아닙니다. 자유대한민국을 수호하고 이 땅의 민주주의를 지키겠다는 거룩한 신념은 뒷전이었습니다. 저는 그냥 기분이 나빴습니다.

가짜인 그들은 민주적 권력인 양 행세하며 사회 구성원들을 기만했습니다.

우리 개개인을 사리 분별하지 못하고, 빼앗긴 주권을 스스로 복권하지 못하는 패배자로 규정했습니다.

그렇지 않고서야 있을 수 없는 국가 찬탈 시도입니다.

반국가세력은 민주주의 이전에, 제 개인의 이성과 자유의지를 모독했습니다. 저는 그 점이 참을 수 없이 기분 나빴습니다.

저의 옳음을 주장하고자, 부당한 권력에 저항하고자, 빼앗긴 주권을 되찾아 다시 시민으로 거듭나고자 담벼락을 침범했습니다.

의심할 여지없는 반사회적 행동이자, 위법 행위입니다.

또한 체포 과정에서 시민과 경찰 사이에 심한 몸싸움이 있었고, 크고 작은 부상이 있었습니다.

저는 제 행동을 후회합니다. 그리고 반성합니다. 행동의 결과를 충분히 예상치 못했습니다.

혼란한 시국, 대통령을 체포한 공권력의 정통성을 의심하는 제게, 위법 행위는

어쩌면 예정된 수순이었을 모릅니다. 저는 이러한 제 의심을, 사상의 자유가 허락하는 선에서 추구하고자 했으나 그러지 못했습니다.

주어진 처벌에 순응할 것입니다, 벌금형 이상의 전과가 남는다면, 저는 순간의 치기로 많은 것을 잃겠습니다.

하지만 얻은 것도 있습니다. 저는 시민으로 거듭났습니다.

생각했고 행동했습니다. 앞으로도 그럴 것입니다.

보다 행동을 숙고하고 철저히 준법할 것입니다.

그렇게 우리 모두 시민이 되는 순간이 대통령이 바라는 제 2의 건국이 있습니다.

그때가 되면 저는 애국자가 될 것입니다.

(서울서부지법 담장을 넘다가 현행범으로 체포된 한 청년의 수기)